지혜로운 주생활

편안하고 건강한 삶을 살아요

김미조 글 | 양수빈 그림

다림

이 책을 읽는 어린이에게

집과 사람은
서로에게 꼭 필요한 친구예요!

　방학이면 외할머니 댁이 있는 시골 마을에 놀러 가곤 했어요. 마을 아이들과도 친해진 덕에 곧잘 어울려 놀았어요. 그런데 한 아이가 부모님을 따라 다른 도시로 이사 가 버렸어요. 산자락 아래에 있는 그 아이의 집은 토담집(흙집)이었는데, 마당이 꽤 넓었어요. 넓은 마당에서 술래잡기, 무궁화꽃이 피었습니다 같은 놀이를 하기도 했었죠.

　친구가 이사 간 후에도 우리는 그 집 마당에서 놀았어요. 시골 마을의 토담집으로 이사 오려는 사람이 없기 때문이었어요. 1년이 지나고, 2년이 지나도 그 집엔 사람이 살지 않았어요. 그냥 마을 아이들의 놀이터가 되어 버렸죠.

　"이상해."

　어느 날 나는 이렇게 중얼거렸어요.

　"뭐가 이상해?"

　외할머니가 물었어요.

　"지영이가 살았던 집, 조금씩 망가지는 것 같아. 우린 집에 들어가 놀지 않고 그냥 마당에서 놀았을 뿐인데. 집이 자꾸만 망가져. 아무도 망가뜨리지 않았는데, 왜 망가지지?"

　장난감이나 인형을 가지고 놀다 망가뜨린 적은 있어요. 그건 함부로 사용해서 그런 거였죠. 하지만 지영이의 집은 그냥 비어 있었을 뿐이에요. 그런데도 처마가 살짝 내려앉았고, 마루의 나무는 비틀려 있었어요. 문의 아랫부분은 썩어 있었고, 방 안에선 눅눅한 냄새가 났어요.

"사람이 살지 않아서 그런가 보다. 사람이 살지 않는 집은 병이 들거든."

"집도 병들어?"

"사람이 사는 동안엔 문과 창문을 여닫으며 집 안의 나쁜 공기를 빼내고 밖의 좋은 공기를 들어오게 해 주지. 또, 습기가 차면 보일러를 틀어 습기를 없애기도 하고. 그래야 집도 숨을 쉰단다. 그런데 사람이 없으면 습기가 벽에 스며들어 벽 자체를 약하게 만들어. 벽지나 장판 아래엔 곰팡이가 피고, 나무를 갉아 먹는 벌레들도 꼬이기 시작하고. 그렇게 계속 방치된 집은 절로 허물어지기도 하지. 아무리 오래되고 낡은 집이라도 사람이 사는 동안엔 허물어질 일이 없다는 게 참 신기하지?"

그제야 집도 사람을 필요로 한다는 것을 알게 되었어요. 그러니까 집과 사람은 서로를 보호하고, 서로에게 생명을 불어넣어 주는 관계였어요. 둘이 꼭 붙어 있지 않으면, 둘 다 병이 들어요.

"신기해."

대부분 사람은 집에서 첫 이유식을 먹고, 첫걸음마를 떼요. 초등학교를 들어가기 전의 아이들에게 집은 세상 그 자체이기도 해요. 이처럼 중요한 집을 우리는 얼마만큼 알고 있을까요?

이 책에선 집의 역사, 집과 사람, 집과 사회, 미래의 집까지 살펴볼 거예요. 단짝 친구처럼 가깝지만 아는 것보다 모르는 게 더 많은 '집'에 대해 함께 알아보아요.

김미조

차례

이 책을 읽는 어린이에게
집과 사람은 서로에게 꼭 필요한 친구예요! …**2**

1장 집이란 무엇일까요?
「두근두근 백화점」의 세 모녀 이야기 …**9**
동굴에서 살았다고요? …**10**
사람들은 언제부터 집을 짓기 시작했을까요? …**12**
물이 있는 곳에 집이 있어요 …**16**

▫ 동굴 호텔
▫ 신분에 따라 다르게 생긴 집
▫ 높은 산 위에 지은 집

2장 우리 조상들은 한옥에 살았어요!
늘고 있는 한옥 마을 …**20**
한옥이 궁금해요 …**22**
집에 자연을 담았어요 …**25**
여름엔 시원하고, 겨울엔 따뜻해요 …**28**

▫ 한옥에만 있는 구들(온돌)
▫ 집터와 풍수
▫ 한국, 중국, 일본의 기와집

3장 다른 나라의 전통 가옥은 어떤 모습일까요?

우리나라에 있는 독일마을 …34
주변에서 쉽게 구할 수 있는 재료로 집을 지어요 …36
기후에 맞는 집을 지어요 …38
생활 습관에 맞는 집을 지어요 …43

▫ 이글루의 비밀
▫ 지진을 견딜 수 있는 집
▫ 세계의 지붕에 사는 사람들

4장 집이 다양해졌어요!

상상력이 만든 각양각색의 집 …49
집이 높아졌어요 …50
집이 움직여요 …52
집이 편리해졌어요 …58

▫ 우리나라 최초의 아파트와 아파트 단지
▫ 땅콩 주택
▫ 프린트하는 집

5장 집은 사회적 산물이에요!

마천루, 하늘 높이 올라간 건물들 …**61**
사회적 환경은 주거 유형을 변화시켜요 …**62**
집을 둘러싼 환경도 중요해요 …**66**
가족과 함께 살지 않아도 괜찮아요 …**66**

▫ 우리나라의 주택 종류
▫ 1인 가구가 많아진 이유

6장 집과 돈은 뗄 수 없는 관계가 되었어요!

사람의 생명을 빼앗는 부실 공사 …**69**
돈이 없어도 집을 살 수 있다고요? …**70**
돈이 되는 집 …**72**
재개발로 밀려나는 사람들 …**75**

▫ 빌려 쓰는 집
▫ 하우스 푸어
▫ 프랑스의 '겨울 법'

7장 자연은 우리 모두의 집이에요!

유리창을 들이박은 새들 …79
집이 자연과 멀어졌어요 …80
에너지 제로 주택으로 화석 에너지 사용을 줄여요 …82
- ㅁ 새집 증후군
- ㅁ 숲 아파트

8장 모두가 행복한 집을 꿈꿔요!

영화 〈기생충〉에 나타난 우리 현실 …87
주거는 인권의 기본이에요 …88
우리나라의 주거 복지는 어떨까요? …90
우리는 우리 동네에 살아요 …92
- ㅁ 집 걱정이 없는 나라, 싱가포르
- ㅁ 주거 빈곤 아동
- ㅁ 배리어 프리(Barrier Free) 주택

부록

함께하는 주생활을 실천하기 위한 네 가지 방법 …96

1장 집이란 무엇일까요?

「두근두근 백화점」의 세 모녀 이야기

백화점에서 사는 세 모녀가 있어요. 이들 모녀는 백화점이 문 닫을 즈음에 숨어들었다가 다음 날 아침까지 백화점에서 지내요. 가구 전시장의 멋진 침대에서 잠을 자기도 하고, 가전 전시장에서 텔레비전을 보기도 하죠. 또, 백화점 마트에서 유통 기한이 지난 음식으로 배를 채우기도 해요. 심지어 예쁘고 멋진 장난감을 마음껏 가지고 놀 수도 있어요. 그래서 두 딸은 백화점에 사는 걸 좋아했어요.

그러던 어느 날 첫째 딸 올리비아는 집이 없어서 길에서 잠자는 사람들을 보게 돼요.

'불쌍해. 날이 춥고 비가 오는데도 밖에서 자다니. 저 사람들은 돈이 없어서 저렇게 사는구나.'

올리비아는 이런 생각을 하다 말고 문득 굉장히 중요한 사실을 깨달았어요.

"아! 우리 가족도 노숙자였어. 우리가 백화점에서 사는 건 집이 없기 때문이었어."

청소년 소설 「두근두근 백화점」의 이야기예요. 영국 작가 알렉스 시어러는 집이 없는 사람들의 이야기를 기발한 상상력으로 풀어냈어요. 그리고 집이 없다는 게 어떤 것인지, 집이 사람에게 어떤 의미인지 등에 대한 질문을 던지고 있죠.

집은 어디에 있든 마음 편안하게 돌아갈 수 있는 곳이에요. 비바람을 피하게 해 주고, 가족이 안락하게 지낼 수 있게 해 주지요.

올리비아 가족은 그런 집을 가지지 못했어요. 그렇다고 백화점에서 몰래 사는 건 올바른 일은 아니에요. 하지만 단지 돈이 없다는 이유로 세 모녀가 살 집이 없는 건 괜찮은 일일까요?

집은 개인의 능력에 따라 가질 수도 있고, 가지지 못할 수도 있는 게 아니에요. 집은 사람의 건강, 생명과 연결되어 있어요. 그러니까 집은 선택이 아니라 필수예요.

동굴에서 살았다고요?

지구는 약 46억 년 전에 태어났어요. 당시 지구엔 사람이 살지 않았어요. 당연히 집도 없었죠. 인류의 조상 격인 호모 사피엔스가 아프리카에 나타난 건 약 20~30만 년 전으로 추정하고 있으니까요.

호모 사피엔스는 무리를 지어 떠돌아다녔어요. 그러다 약 5~8만 년 전, 아프리카를 벗어나 다른 대륙으로 이동하기 시작했어요. 그럼 이들은 어디에서 자거나 쉬었을까요?

동굴이나 바위틈에서였어요. 특히 동굴은 비바람과 사나운 동물의 습격을 피하기 좋은 은신처였어요. 바닥에 나뭇가지나 짐승의 가죽을 깔아 꽤 푹신하고 따뜻한 침상도 만들었어요.

그런데 우리 호모 사피엔스가 동굴을 집으로 삼았다는 것을 어떻게 알았을까요? 동굴 벽화, 유물 등 동굴 유적을 통해서 동굴에서 생활했다는 것을 추측할 수 있어요.

가장 유명한 동굴 벽화로는 프랑스의 라스코(Lascaux) 동굴 벽화와 스페인의 알타미라(Altamira) 동굴 벽화가 있어요. 이 두 벽화엔 말, 소, 사슴 등 동물 그림이 많아요. 특히 라스코 벽화엔 사람들이 거대한 몸집의 들소를 사냥하는 장면이 그려져 있는데, 이런 그림을 통해 당시 사람들이 사냥으로 식량을 마련했다는 것을 알 수 있어요. 또, 구석기 시대 사람들이 살았던 동굴 중에서는 나무로 정교하게 만든 등잔, 동물의 뼈로 만든 피리, 동물 조각상 등의 유물이 발견되기도 했어요. 이러한 유물을 통해서도 우리는 당시 사람들의 생활을 짐작할 수 있죠.

 **동굴 호텔**

'오래전 인류는 동굴에서 살았다는데, 동굴에서 사는 건 어떤 기분일까?'

혹시 여러분은 이런 생각을 해 본 적 없나요? 어떤 사람들은 동굴 집에서 사는 게 어떤 기분인지 꽤 궁금했나 봐요. 그래서 자연 동굴을 호텔로 꾸민 곳들이 있어요.

미국 애리조나주의 '그랜드 캐니언 동굴 호텔'은 약 6,500년이나 된 동굴을 호텔로 만든 거예요. 이 호텔에서 하룻밤을 보내려면 엘리베이터를 타고 22층이나 내려가야 해요. 이렇게 땅속 깊은 곳에 있어도 이 동굴 호텔은 방마다 더블베드, 소파 등의 편의 시설이 잘 갖춰져 있어요.

지상에 우뚝 솟아 있는 동굴 호텔도 있어요. 터키 카파도키아에 있는 호텔들이에요. 카파도키아엔 수만 년 전 화산 폭발로 만들어진 기암괴석 수천 개가 우뚝 솟아 있어요. 오래전 많은 사람들이 이곳에 구멍을 뚫고, 그 안에 부엌과 방을 만들어 살면서 도시를 이루었어요. 유네스코 세계 문화유산으로 등재될 만큼 멋진 카파도키아의 풍경을 감상하러 매년 수많은 관광객이 이곳의 동굴 호텔을 찾아와요.

사람들은 언제부터 집을 짓기 시작했을까요?

사람들이 집을 짓기 시작한 건 약 1만 2천 년 전으로 추정해요. 당시 사람들은 땅을 파서 가운데 기둥을 세우고, 지붕을 덮어 만든 '움집'을 지었어요.

그런데 어째서 이때부터 집을 짓기 시작한 걸까요? 우리는 그 이유를 기후 변화에서 찾을 수 있어요. 약 1만 2천 년 전, 지구는 긴 빙하기를 끝냈어요. 빙하기 동안 바다와 강은 얼어붙었고, 매서운 바람이 늘 휘몰아쳤었죠. 이런 기후에선 농사를 지을 수가 없었어요. 빙하기가 끝나고 날이 따뜻해지자 농사를 짓고 사는 게 가능해진 거죠.

농사를 지으려면 한곳에 정착해 살아야 해요. 봄에 씨를 뿌리고, 가을엔 수확해야 하니까요. 또 수확한 농산물을 저장해 둘 곳도 있어야 하죠. 수렵 채집을 할 때처럼 늘 떠돌아다닐 수 없게 된 사람들은 당연히 계속 머물 집이 필요했어요.

한반도에서도 움집은 꽤 오랫동안 사람들의 집으로 활용되었어요. 신석기 시대부터 만들기 시작해 청동기 시대, 철기 시대까지 이어졌죠. 하지만 그 형태는 조금

씩 달라졌어요. 위에서 내려다봤을 때, 신석기 시대의 움집이 원형과 타원형이었다면 청동기 시대의 움집은 직사각형이었어요. 그러다 철기 시대엔 '몸'자 형이 나오기 시작했어요. 작은 방과 큰 방이 생긴 것이죠.

하지만 이러한 움집은 점차 사라지기 시작해요. 대신 토담집, 귀틀집 등이 등장해요. 토담집은 흙으로 벽을 만들고 지붕을 얹어서 만든 집이에요. 움집보다 더 많은 품이 들어요. 그래서 움집보다 더 튼튼하죠.

귀틀집은 통나무를 '井'자 모양으로 귀를 맞추고 쌓아 올려 벽을 만든 집이에요. 지붕에는 너와, 굴피•, 화피• 등이 쓰여요. 귀틀집을 짓기 위해선 많은 나무가 필

• **굴피** 참나무의 두꺼운 껍질 부분을 말해요.
• **화피** 벚나무의 껍질을 말해요.

요해요. 그래서 산간 지대에 사는 사람들이 많이 짓고 살았어요.

　건축 기술이 발전한 오늘날에도 토담집과 귀틀집을 짓고 사는 사람들이 있어요. 토담집이나 귀틀집은 자연 친화적이라 건축물 쓰레기를 배출하지 않고, 사람들의 건강에도 좋기 때문이에요.

신분에 따라 다르게 생긴 집

　철기 시대는 인류가 철로 도구를 만들어 사용하게 된 시기를 뜻해요. 우리나라는 기원전 4-3세기부터 시작되었어요. 당시 서민들은 주로 움집에서 생활했어요. 하지만 지배 계급을 중심으로 토담집, 귀틀집 등을 짓기 시작하면서 서민들도 점차 토담집이나 귀틀집을 만들게 되었어요.

　그러나 서민의 집과 지배 계급의 집은 같지 않았어요. 일단 지배 계급의 집은 서민의 집보다 훨씬 크고 넓었어요. 집의 재료도 달랐어요. 그중에서도 가장 큰 차이를 보이는 건 지붕이었죠. 서민의 집이 초가지붕이었다면, 지배 계급의 집은 기와지붕이었어요.

　초가지붕은 볏짚이나 갈대 등으로 만들어요. 그래서 힘이 약하고 방수도 잘 되지 않아요. 비가 내리면 눅눅해지고, 벌레도 쉽게 생기죠. 이 때문에 지붕을 자주 교체해 주어야 했어요.

　기와는 점토를 틀에 넣어 일정한 모양으로 가마에서 구워 만든 거예요. 주변에서 쉽게 구할 수 있는 재료를 엮어 올리기만 하면 되는 초가지붕과 달리 기와지붕은 시간과 공을 들여 만들어야 하죠. 하지만 그만큼 튼튼하고 방수도 잘 돼요.

  그럼 서민들은 왜 기와를 쓰지 않았을까요? 경제적 여력이 없기 때문이었죠. 지배 계급과 달리 가난했으니까요. 그래서 신분에 따라 주택의 규모와 건축 재료 등이 달랐어요.

물이 있는 곳에 집이 있어요

　세계 4대 문명에는 이집트 문명, 메소포타미아 문명, 인더스 문명, 황하 문명이 있어요. 이 문명들은 각기 다른 장소에서 발생했지만, 공통점이 하나 있어요. 그게 무엇일까요? 강이랍니다. 이집트 문명은 나일강 유역, 메소포타미아 문명은 티그리스강과 유프라테스강 유역에서 발전했어요. 인더스 문명은 인더스강, 황하 문명은 황하강 유역에서 발전했죠. 그러니까 세계 문명들은 전부 강이 있는 곳에서 발생한 거예요.

　왜 강일까요? 물은 인간에게 꼭 필요한 것이기 때문이에요. 물을 마셔 수분을 섭취해야 하고, 물로 얼굴과 몸을 씻어야 하죠. 농사를 지을 때도 물이 필요해요. 그래서 인류는 물이 있는 곳에 모여들기 시작했어요. 그곳에 집을 짓고, 농사를 지으며 살았어요. 그러면서 자연스럽게 도시 문명이 발전하게 되었죠.

고상 가옥

물이 있는 곳에 집을 짓는 생활은 우리나라 건축물 역사에서도 확인할 수 있어요. 가장 대표적인 예로 한강 지역을 중심으로 발전했던 '고상 가옥'이 있어요. 고상 가옥은 땅에 기둥만 박아 지면과 공간을 두고 지은 집이에요. 그러니까 집이 원두막처럼 허공에 붕 떠 있는 거예요. 땅과 거리를 두고 지은 이유는 땅의 습기를 피하고, 땅에 사는 벌레가 쉽게 들어오지 못하도록 하기 위해서였어요. 강가는 산이나 들판보다 더 습기가 많아서 강가에 사는 사람들은 고상 가옥을 짓곤 했어요.

고상 가옥은 그나마 땅 위에 지은 집이에요. 바로 옆에 강이 있을 뿐이죠. 아예 물 위에 지은 집도 있어요. 강변이나 해안에 말뚝을 박고 그 위에 집을 짓는 거죠. 이런 집들을 '수상 가옥'이라고 해요. 수상 가옥은 1년 내내 무더운 열대 지역에 많아요. 특히 베트남, 미얀마, 태국 등 동남아시아에서 흔히 볼 수 있어요.

수상 가옥은 강이나 바다에서 고기를 잡으며 생활하는 사람들에게 편리한 주택 유형이에요. 바람이 잘 통해 시원하고, 모기나 해충을 막아 주기도 해요. 하지만

수상 가옥

수상 가옥에 살면 이동이 불편하다는 단점이 있어요. 바로 옆집에 갈 때도 배를 이용해야 하기 때문이죠. 전기, 수도 시설 등을 설치하는 데에도 어려움이 따라요.

높은 산 위에 지은 집

남아메리카 국가인 페루는 15세기부터 16세기 초까지 잉카 제국이었어요. 하지만 1532년, 총과 칼로 무장한 스페인 군대가 침략해 잉카의 도시들을 파괴하고 잉카인들을 학살했어요. 그런데 스페인 군대가 결코 파괴하지 못한 도시가 있어요. 바로 마추픽추(Machu Picchu)예요.

마추픽추는 어떻게 스페인 군대로부터 무사할 수 있었을까요? 마추픽추의 존재를 아무도 몰랐기 때문이에요. '나이 든 봉우리'라는 뜻의 마추픽추는 아주 높은 산 위에 숨겨져 있었어요. 1911년 미국의 역사학자 하이럼 빙엄(Hiram Bingham)이 발견하기 전까지만 해도 이 도시는 세상에 알려지지 않았어요.

　마치 공중에 붕 뜬 것처럼 보이는 이 도시는 발달된 건축 기술을 가지고 있었어요. 무엇보다 신기한 건 마추픽추에 쓰인 건축 재료들이에요. 주로 돌을 사용했는데, 이 돌들은 산 위에 없는 것들이에요. 다른 곳에서 높은 산까지 가져온 것이죠. 그러니까 과학 문명이 발전하기 훨씬 전에 잉카인들은 이 아름다운 도시를 건설했던 거예요.

　마추픽추는 수수께끼 같아요. 잉카인들이 언제 이 도시를 만들었는지 정확하게 알 수 없어요. 하필이면 왜 높은 산 위에 도시를 만들 생각을 했는지 그 이유도 몰라요. 어떻게 그 옛날에 이렇게 고도로 발전된 건축 기술을 가질 수 있었는지도 의문이에요. 그런데 정말 이상한 건 마추픽추 주민들이 16세기 후반에 이 도시를 버리고 더 깊숙한 오지로 떠나 버린 거예요. 그들은 왜 떠났을까요?

　이렇게 온통 수수께끼로 남아 있는 마추픽추는 유네스코 세계 문화유산으로 지정되어 있어요. 오늘날 많은 사람이 한 번은 가 보고 싶어 하는 관광지로 유명하답니다.

2장 우리 조상들은 한옥에 살았어요!

늘고 있는 한옥 마을

한국에 방문하는 외국 관광객들이 자주 찾는 곳이 있어요. 서울 북촌, 전주 교동, 안동 하회마을, 경주 양동마을 등의 한옥 마을이에요.

한옥은 우리의 전통 가옥이에요. 과거 한옥은 '잘 관리해야 하는 전통 가옥' 정도로만 여겨졌어요. 하지만 오늘날 한옥은 '살고 싶은 집' 중 하나로 주목받고 있어요.

한옥은 자연 친화적인 건축물이에요. 환경과 건강에 관심이 높아진 현대인들은 자연스럽게 한옥에 눈을 돌리게 되었죠. 한옥은 보기에도 매우 아름다워요. 전통의 미를 좋아하는 사람들에게도 한옥은 상당히 매력적인 가옥이죠. 또, 오늘날 한옥은 예전처럼 생활하기 불편한 구조로 짓지 않아요. 현대 건축 기술을 활용해 아파트만큼이나 편리한 구조와 시설을 갖추고 있어요.

한옥에 대한 수요가 늘자 각 지역에서는 한옥 마을을 조성하고 있어요. 대표적으로 서울의 '은평한옥마을'이 있어요. 2012년에 개발을 시작해 2017년에 대부분이 완공되었어요. 옛 한옥들의 불편을 보완한 현대식 한옥들이 마을을 이루고 있지요. 이와 같은 '신한옥 마을'의 등장은 한옥의 멋과 가치를 많은 사람들에게 알리는 데 중요한 역할을 하고 있답니다.

한옥이 궁금해요

한옥(韓屋)의 '한'은 우리나라를, '옥'은 집을 뜻해요. 그러니까 한옥은 우리나라 고유의 양식으로 지은 집을 일컫는 말이에요.

한옥은 보통 지붕의 재료에 따라 그 종류를 구분해요. 기와를 올리면 기와집, 볏짚이나 갈대 등을 올리면 초가집, 나무를 잘라 만든 널판을 올리면 너와집이라고 불러요.

기와집

기와집은 지붕에 기와를 덮은 집이에요. 기와는 흙을 빚어 구워서 만들어요. 기

와지붕은 초가지붕보다 튼튼하고 멋스러워 상류층이 주로 사용했어요.

초가집

초가집은 볏짚, 밀짚, 갈대 등으로 지붕을 이어 만든 집이에요. 볏짚, 밀짚, 갈대 등은 외부 온도를 차단해 주는 효과가 있어요. 그래서 더운 여름에도 추운 겨울에도 집 안은 일정한 온도를 유지할 수 있죠. 하지만 초가지붕은 오래가지 못하고 금방 썩어요. 특히 습도가 높은 여름철에 눅눅해진 초가지붕엔 굼벵이 같은 벌레가 꼬이기도 해요. 그래서 초가지붕은 보통 1년마다 새것으로 갈아 줘야 해요.

너와집

너와집은 통나무를 잘라 만든 널판을 지붕에 올린 집이에요. 농사를 짓는 평야 지역에서는 볏짚이 많아 초가집을 지었지만 산속에 사는 사람들은 볏짚을 쉽게 구하기 힘들었어요. 대신 나무가 많아 이렇게 나무를 이용해 지붕을 만들었어요.

이 밖에도 통나무를 '井' 모양으로 쌓아 올린 귀틀집, 두꺼운 나무껍질로 지붕을 만든 굴피 집 등 그 종류는 다양해요.

하지만 아마 대부분은 한옥을 말할 때 기와집부터 떠올릴 거예요. 궁궐, 유명 사찰, 관광 명소 등이 주로 기와집이라 그렇죠. 기와집은 다른 집들보다 보존이 잘 되어 있어요. 집 자체가 워낙 튼튼해 오랜 시간이 지나도 그 모습 그대로 남아 있는 경우가 많고, 역사적 가치가 있는 집들이 대체로 기와집이다 보니 후대 사람들이 보존에도 많은 힘을 썼어요.

한옥에만 있는 구들(온돌)

구들은 '구운 돌'에서 유래된 순우리말로, 다른 나라의 전통 가옥에서는 볼 수 없는 한옥만의 특징이에요. 구들(온돌)은 아궁이에 불을 때어 그 불기운이 방바닥 밑으로 난 방고래를 통해 퍼지도록 해 구들장을 데우는 난방 방식이에요. 구들장이 데워지면 방바닥은 뜨끈뜨끈해져요. 그래서 아무리 추운 겨울이라도 온돌방에 누워 있으면 몸이 사르르 녹아요.

구들을 그대로 가져와 현대식으로 바꾼 게 바닥 난방이에요. 오늘날에도 바닥 난방은 한국에서만 볼 수 있는 난방 장치예요. 다른 나라에서 방바닥을 따뜻하게 데우는 건 보기 드물어요. 벽난로나 히터로 방 안 공기를 따뜻하게 만들 뿐이죠.

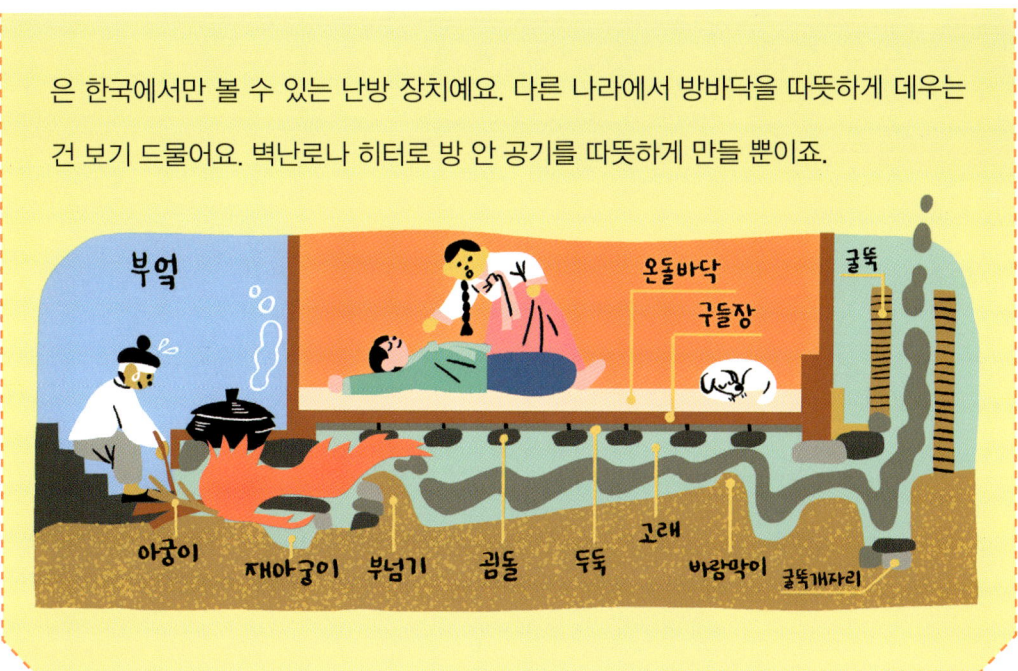

집에 자연을 담았어요

 한옥은 흙과 나무를 이용해서 지어요. 흙 중에서는 황토를 주로 활용해요. 황토는 습기를 빨아들이는 능력이 탁월해요. 그래서 황토로 지은 집은 여름엔 습기를 빨아들이고 겨울엔 습기를 내뿜어 집 안을 항상 쾌적하게 만들어 줘요.

 나무도 숨을 쉬는 재료예요. 나무 안의 무수히 많은 공기층이 사람에게 해로운 이산화 탄소를 흡수해요. 또, 나무로 지은 집은 환기가 잘 되고 단열 효과도 커 여름엔 시원하고 겨울에는 따뜻해요. 많은 나라의 전통 가옥에 나무가 활용되는 것도 이 때문이죠.

 한옥엔 주로 소나무가 쓰이는데, 소나무는 결이 고우며 무늬가 부드러워요. 기둥, 대들보, 서까래, 마루 등을 소나무로 만들면 수백 년이 지나도 쉽게 휘어지지 않아요. 집의 모습이 처음 그대로 유지되죠. 그래서 오늘날에도 먼 옛날에 지어진 한옥을 볼 수 있는 거예요.

무엇보다 한옥은 열려 있는 공간이에요. 담장이 높지 않고, 대청마루가 열려 있는데, 이를 보고 조선 시대의 문신 송순은 〈십 년을 경영하여〉라는 시조를 짓기도 했어요.

시조의 화자는 방이 세 개 있는 초가의 방 한 칸은 자신이 지낼 곳으로 두었어요.

십 년을 힘쓰고 애써서 초가삼간 지어 내니

그리고 방 안을 마음껏 들락날락할 수 있는 달과 바람에게 남은 방을 한 칸씩 주었죠. 하지만 강과 산은 방에 들이기엔 너무 커 그냥 둘러 두고 본다고 해요. 무척 아름다운 상상이죠?

　한옥은 자연과 함께하는 건축물이에요. 자연 재료로 만들고, 자연을 감상하기 좋은 구조로 만드니까요. 자연을 '정복의 대상'이 아니라 '공존의 대상'으로 보기 때문이에요.

나 한 칸, 달 한 칸, 맑은 바람에 한 칸 맡겨 두고
강산은 들여놓을 곳이 없으니 병풍처럼 둘러 두고 보리라

송순, 〈십 년을 경영하여〉

 **집터와 풍수**

　사람들은 집을 볼 때, 집만 보지 않고 터도 같이 봐요. 집을 짓기에 좋은 곳이 있고, 나쁜 곳이 있기 때문이에요. 이를테면, 연못이나 호수를 메꾸어 만든 땅은 집터로 좋지 않아요. 이런 곳은 지반이 약해 집이 무너질 위험이 있고, 습기가 많아 각종 세균과 곰팡이가 생길 가능성이 커요. 습기가 많은 집은 사람의 건강에도 별로 좋지 않아요.

　반면, 좋은 집터는 따뜻한 볕이 잘 드는 양지바른 곳이에요. 예로부터 우리 조상들은 이런 곳에 지은 집을 좋은 집이라 생각했죠. 마을에 있는 산과 땅의 형태도 살폈어요. 집 뒤에는 산이, 집 앞에는 물이 있는 곳을 좋아했어요. 산과 물이 균형을 이루어야 조화롭다고 생각했거든요.

　더 나아가서는, 땅의 기운까지 살폈어요. 땅의 기운이 사람의 생활에 영향을 준다고 믿었기 때문이에요. 이를 '풍수'라고 해요.

여름엔 시원하고, 겨울엔 따뜻해요

　우리나라는 사계절이 있어서 여름엔 무덥고 겨울엔 추워요. 사람들은 여름엔 선풍기나 에어컨을, 겨울엔 보일러를 켜는 것으로 더위와 추위를 이겨 내죠. 그런데 에어컨이나 보일러가 없었던 예전엔 어떻게 더위와 추위를 피했을까요? 놀랍게도 한옥은 여름엔 시원하고, 겨울엔 따뜻하게 지낼 수 있도록 만들어졌어요. 여름엔 바람을 들이고, 겨울엔 햇빛을 들이거든요. 어떻게 이런 일이 가능할까요?

변신이 가능한 문

한옥의 문은 고정되어 있지 않아요. 걸쇠로 문짝을 들어 올려 천장에 걸면 문이 감쪽같이 사라져요. 그럼 바람이 자유롭게 드나들며 방 안을 시원하게 만들어 주죠. 주로 무더운 여름날에 쓰이는 방식이에요.

햇빛 조절 장치

학이 날개를 펼친 것처럼 멋스러운 한옥의 처마는 햇빛이 집 안으로 들어오지 못하도록 막는 양산의 역할을 해요. 일종의 햇빛 조절 장치인 거죠. 하지만 처마가 너무 길면 집 안이 어두컴컴해질 수 있고, 겨울엔 햇빛이 드는 걸 막아 집 안이 추워질 수도 있어요. 그래서 한옥의 처마는 겨울에 햇빛이 들어올 수 있을 정도의 적당한 길이로 만들어졌어요. 또, 처마는 비가 올 때 빗물이 집 안으로 들어오지 못하게 막는 우산이 되어 주기도 한답니다.

숨을 쉬는 창호

창호는 문과 창을 통틀어 일컫는 말이에요. 한옥의 창호는 문살에 한지를 붙여 만들어요. 한지는 닥나무 껍질로 만드는 것이기 때문에 공기가 잘 통하고 보온성이 뛰어나요. 그래서 한지를 붙여 만든 한옥의 창호는 실내 공기의 순환을 도와 방 안을 쾌적하게 해 준답니다.

 **한국, 중국, 일본의 기와집**

거리상 우리나라와 가장 가까운 나라는 중국과 일본이에요. 가까운 만큼 이 세 나라는 서로 많은 것에 영향을 주고받았지요. 집도 그중 하나예요. 특히 기와집은 한국,

중국, 일본 세 나라 모두에게서 볼 수 있는 주거 형태예요. 난방, 마루, 마당 등의 형태에서 차이가 있을 뿐이죠. 어떤 차이가 있는지 함께 알아보아요.

한국식

- 온돌(구들)로 방을 따뜻하게 해요.
- 대청마루, 누마루, 툇마루 등 위치와 쓰임에 따라 마루의 종류가 다양해요.
- 바람이 드나들 수 있도록 마당을 비워 두어요.

중국식

- 네 개의 가옥이 중앙 정원을 둘러싸고 있어요. 이를 '사합원'이라고 해요.
- 담이 매우 높아서 밖에서는 안을 보기 힘들어요.
- 크고 네모난 중앙 정원을 꽃과 나무로 아름답게 꾸며요.

일본식

- 비가 많이 오고 습한 기후 때문에 '다다미'라고 불리는 돗자리를 방바닥에 깔아요.
- 방바닥 가운데를 도려내 '이로리'라는 화로를 두어 방을 따뜻하게 해요.
- 자갈을 깔아 길을 만드는 등 정원을 정갈하게 가꾸어요.

3장 다른 나라의 전통 가옥은 어떤 모습일까요?

우리나라에 있는 독일마을

다른 나라로 여행을 갔을 때 그 나라만의 고유한 색깔이 가장 잘 드러나는 건 바로 집이에요. 우리나라에서 흔히 볼 수 없는 집들이 늘어서 있는 거리는 그 자체로 이국적이죠. 그 나라의 음식을 먹어 보기 전이라도, 유명한 관광지를 돌아보기 전이라도 '아, 난 지금 다른 나라에 와 있구나.' 하는 느낌이 들게 해요.

그런데, 비행기를 타고 직접 다른 나라로 떠나지 않아도 다른 나라에 온 것 같은 느낌을 주는 곳이 있어요. 우리나라에서는 경상남도 남해에 있는 '독일마을'이 그렇죠. 독일에 가지 않고도 독일의 분위기를 마음껏 느낄 수 있어요.

이 마을에 있는 집들 대부분은 독일 전통 가옥이에요. 이곳에 있는 식당, 공방 등도 모두 독일식으로 꾸며져 있죠. 그래서 독일마을은 정말 독일의 한 마을을 고스란히 한국에 옮겨 놓은 것 같아요.

그렇다면, 독일마을엔 누가 살고 있을까요? 독일마을이니까 독일인이 살고 있는 걸까요? 독일인도 몇몇 있지만 대체로 독일 교포들이 살아요. 독일마을에 사는 독일 교포들은 대부분 1960년대 독일로 떠났던 광부나 간호사예요. 당시 우리나라는 몹시 가난해 독일에 광부와 간호사를 파견했어요. 이들이 독일에서 열심히 일해 벌어들인 외화는 우리나라 경제를 성장시키는 종잣돈*이 되어 주었어요. 이렇게 우리나라의 경제 발전에 큰 도움을 준 이들이 독일에서 돌아와 안정적으로 살 수 있도록 장소를 마련해 준 곳이 독일마을이에요.

독일마을에 가면 40여 채의 독일식 집과 정원을 볼 수 있어요. 독일 정통 소시지를 맛볼 수도 있죠. 비행기를 타고 멀리 가지 않아도 독일의 정취를 느낄 수 있는 독일마을로 여행을 떠나 보는 건 어떨까요?

● **종잣돈** 더 나은 투자나 구매를 위한 밑천이 되는 돈이에요.

주변에서 쉽게 구할 수 있는 재료로 집을 지어요

 앞서 한옥의 주재료는 나무와 흙이라는 것을 살펴보았어요. 그런데 우리 조상들은 왜 나무와 흙으로 집을 지었을까요? 예전엔 오늘날처럼 교통이나 건축 기술이 발달되지 않아 주변에서 쉽게 구할 수 있는 재료로 집을 지어야 했어요. 국토의 70%가 산인 우리나라엔 나무와 흙이 많으니 우리 조상들은 자연스럽게 나무와 흙을 활용해 집을 지은 것이죠.

 다른 많은 나라에서도 나무나 흙을 이용해 전통 가옥을 지었어요. 핀란드의 경우가 대표적이에요. 핀란드의 전통 가옥은 주로 통나무로 지어졌어요. 국토의 약 70%가 숲인 핀란드에서는 통나무를 매우 쉽게 구할 수 있기 때문이에요.

 그런가 하면, 나무를 쉽게 구할 수 없는 나라도 있어요. 대표적인 예로 이집트가 있어요. 이집트는 국토 대부분이 사막이라 나무를 구하기 힘들어요. 대신 흙과 모래는 쉽게 구할 수 있어요. 그래서 이집트의 전통 가옥은 흙을 벽돌로 만든 흙벽돌집이에요. 흙은 습도와 온도를 조절해 줘요. 뜨거운 햇볕을 피하고 더위를 식히는 데 효과적이죠. 또, 이집트는 사막 기후로 낮과 밤의 온도 차가 큰 편이라서 외벽은 두껍게, 창문은 작게 만들어요. 밤에 불어오는 찬 바람이 집 안으로 들어오지 못하도록 하기 위해서예요.

 그런데 알래스카, 시베리아, 그린란드 등 북극해 연안에서는 나무뿐만 아니라 흙도 구하기 힘들어요. 1년 365일 내내 춥고 온통 얼음으로 뒤덮인 바다뿐인데, 이곳에 사는 사람들은 어떻게 집을 지었을까요? 예전부터 이곳에 살았던 사람들인 이누이트인들은 '이글루'를 지었어요.

 이글루는 얼음과 눈덩이로 지은 집이에요. 먼저 눈덩이나 얼음을 칼로 잘라 벽돌

을 만들어요. 그리고 평평한 땅에 벽돌을 차곡차곡 쌓아 올려 완전한 돔 형태로 만들죠. 빈틈은 고운 눈으로 채워 바람이 들지 않도록 해요. 그럼 아주 훌륭한 집이 만들어지는 거예요.

 이처럼 각 나라의 전통 가옥은 그 지역에서 구하기 쉬운 재료로 만들어요. 그리고 이러한 재료 대부분은 자연에서 가져온 것이기에 집을 허물 때도 모두 자연으로 돌아가죠.

이글루의 비밀

얼음으로 만든 집이 정말 따뜻할까요? 이글루 안에 있으면 일단 북극의 칼바람을 피할 수 있어요. 또, 이글루의 재료가 되는 눈의 알갱이는 공기를 많이 지니고 있어 내부의 열이 밖으로 빠져나가지 못하도록 한답니다. 그래서 이글루는 항상 영상 5도 정도의 온도를 유지할 수 있어요.

'영상 5도라니, 춥잖아!'

이렇게 생각하는 친구도 있을 거예요. 우리나라는 가장 추운 달인 1월의 평균 기온이 영하 6도에서 영하 1도 정도예요. 그러니 우리 입장에선 영상 5도가 춥다고 느껴질 수 있어요. 하지만 영하 30도~40도까지 내려가는 북극해 연안에서 영상 5도는 꽤 따뜻한 축에 속해요. 그리고 외부의 찬 공기가 들어오면 이글루에 물을 뿌려 실내 온도를 유지할 수 있다고 해요. 물이 얼면서 내는 열을 이용하는 거예요.

이렇게 경제적인 집인데, 어쩌면 앞으로는 이누이트인이 이글루를 만드는 건 어려운 일이 될 수도 있어요. 지구 온난화로 인해 북극의 얼음이 무서운 속도로 녹고 있기 때문이죠.

기후에 맞는 집을 지어요

우리나라는 때가 되면 계절이 바뀌어요. 그래서 우리 조상은 더위를 피하고, 추위를 막아 낼 수 있는 사계절용 집을 지었어요.

 하지만 모든 나라가 사계절인 건 아니에요. 1년 내내 추운 나라가 있는가 하면, 1년 내내 더운 나라도 있어요. 추운 나라에선 추위를 막기 좋은 집, 더운 나라는 더위를 피하기 좋은 집을 짓는 것이 좋겠죠? 그래서 각 나라의 전통 가옥은 그 지역의 기후에 맞게 지어져요.

 추운 나라에선 어떤 집을 지을까요? 먼저 러시아를 알아보아요. 러시아는 추운 겨울 하면 가장 먼저 생각나는 나라예요. 러시아에서도 가장 춥다고 알려진 도시 베르호얀스크는 겨울이면 기온이 영하 40도 이하로 내려갈 정도이니까요. 그렇다 보니 러시아의 대표적인 전통 가옥인 '이즈바'는 난방 기능에 중점을 두었어요.

 이즈바는 통나무를 쌓아 올려 만들어요. 이때 주로 자작나무를 이용하죠. 자작나무는 러시아에서 흔히 볼 수 있는 나무예요. 나무 자체에 기름이 많아 불을 붙이면

자작자작 소리를 내며 잘 타요. 자작나무는 습기에도 강해요. 그래서 물에 젖어도 불이 잘 붙어 불쏘시개로 쓰이기도 하죠. 또, 껍질에 있는 큐틴이라는 성분이 나무를 잘 썩지 않게 해 주고, 곰팡이가 피지 않게 해 줘요. 이런 특성으로 인해 자작나무로 만든 집은 일반 벽돌집보다 난방의 효율성이 세 배가량 높아요.

그런가 하면, 햇빛이 강렬하고 뜨거운 그리스의 몇몇 섬에선 석회암을 활용해 집을 지어요. 석회암은 조개나 소라 껍데기 등이 쌓여서 생긴 암석인데, 그리스 땅의 대부분이 이러한 석회암으로 이루어져 구하기가 아주 쉽죠. 석회암은 대체로 흰색이나 회색이 많아요. 그래서 석회암으로 지어 석회석 페인트까지 바른 집은 눈이 부실 정도로 새하얗답니다. 하얀색은 햇빛을 반사해 주는 효과가 있어요.

    그렇다면, 비가 많이 와 습하고 무더운 지역에선 어떤 집을 짓는 것이 좋을까요? 이런 지역에선 바람이 잘 통하는 집이 좋겠죠. 대표적으로 '말로까'가 있어요. 말로까는 아마존 유역에 사는 원주민들의 전통 가옥이에요. 나무를 촘촘하게 엮어 만든 벽 위에 이라빠해 나무 잎사귀를 덮은 집이죠.

    말로까는 사람이 드나드는 통로엔 따로 문을 달지 않아요. 바람이 통할 수 있게 비워 두는 거예요. 또, 지붕에 덮는 이라빠해 잎은 물을 흡수해 주는 기능이 있어서 아무리 비가 많이 와도 집 안으로 비가 새지 않아요.

    이처럼 전통 가옥은 그 지역의 기후에 따라 집의 재료, 집의 구조 등이 결정되기도 한답니다.

 ## 지진을 견딜 수 있는 집

 2011년, 일본의 동북부 지역에서 규모 9.0의 강진이 발생했어요. 이 지진으로 거대한 쓰나미가 몰려와 일본의 많은 해안 도시를 휩쓸어 버렸고, 약 2만여 명이 죽거나 실종되었어요. 이때 수많은 주택들도 힘없이 무너지고 말았죠.
 일본은 이른바 '불의 고리'라 불리는 '환태평양 조산대'에 있어요. 환태평양 조산대는 지각 운동이 활발해 지진이나 화산 폭발이 자주 일어나는 지대예요. 오래전부터 일본에서 크고 작은 지진이 자주 발생했던 이유도 여기에 있죠.
 그래서 일본의 전통 가옥은 대부분 목조예요. 지진으로 매몰 사고가 일어났을 경우, 무거운 돌이나 흙으로 지은 집보다 목조로 지은 집이 덜 위험하기 때문이죠.

건축 기술의 발전이 이루어진 후에 지어진 일본의 집들은 내진 설계도 되어 있어요. 물론 내진 설계를 한 집도 강진을 견디지 못하고 무너질 수 있지만 이런 대비조차 하지 않는다면 훨씬 더 큰 피해를 보게 될 거예요.

우리나라도 지진으로부터 안전한 곳은 아니에요. 일본만큼은 아니어도 지진으로 인한 피해를 보고 있죠. 그래서 1988년, 우리나라에서도 6층 이상의 건축물은 반드시 내진 설계를 하도록 법을 마련했어요. 현재는 2층 이상의 건축물은 내진 설계를 하도록 법이 더욱 강화되었지요. 하지만 내진 설계를 의무화하기 전에 지어진 건축물들 대다수는 여전히 지진의 위험에 고스란히 노출되어 있어요. 따라서 오래된 건축물은 내진 보강 공사를 하는 것으로 이를 해결하고 있답니다.

● **내진 설계** 지진을 견딜 수 있도록 건축물을 설계하는 걸 말해요.

생활 습관에 맞는 집을 지어요

솜씨 좋은 이누이트인은 한두 시간 만에도 이글루를 지을 수 있다고 해요. 정말 빠르죠? 그런데 이렇게 빨리 지을 수 있는 집이 또 있답니다. 바로 몽골족의 전통 가옥인 '게르'예요.

게르는 나무로 뼈대를 세운 후 그 위에 천을 덮어 만드는 집이에요. 게르에 덮는 천은 우리가 흔히 알고 있는 천과 달라요. 짐승의 털을 이용해 만든 천이에요. 그래서 보통 천보다 더 두껍고 따뜻하죠.

그런데 몽골인은 왜 더 견고한 집을 짓지 않는 걸까요? 그 비밀은 몽골족의 생활에서 찾을 수 있어요. 몽골족은 한곳에 머물지 않고 떠돌아다녀요. 이들은 가축을 키우며 사는데, 이 가축들이 맛있게 먹을 수 있는 풀을 찾아 이동해야 하기 때문이에요.

게르는 1시간 이내에 설치하고, 30분 이내에 해체할 수도 있어요. 빠르게 짓고 허물 수 있는 게르는 유목 생활을 하는 몽골 사람들에게 아주 적합한 집인 거죠.

게르와 유사한 형태의 집으론 북아메리카 인디언들의 '티피'가 있어요. 흔히 인디언 텐트라고도 불리는 티피는 삼각뿔 모양으로 나무 기둥을 세우고, 그 위에 소가죽으로 만든 천막을 덮어 짓는 집이에요. 인디언들도 주로 사냥을 하며 생활을 했기 때문에 이동이 잦았어요. 그래서 언제든지 간편하게 옮길 수 있는 티피를 집으로 삼은 거예요.

이처럼 집은 사람들의 생활 습관과도 긴밀하게 연결되어 있어요. 어떤 환경에서 어떤 생활을 하느냐에 따라 좀 더 튼튼한 집을 짓기도 하고, 이동이 편리한 집을 짓기도 하죠.

 ## 세계의 지붕에 사는 사람들

    티베트고원은 세계에서 가장 높은 고원이에요. 그래서 '세계의 지붕'이라고도 불려요. 티베트인은 이 높은 곳에서 도시와 마을을 일구고 사는 사람들이죠.

    티베트고원은 사람이 살기에 썩 좋은 환경은 아니에요. 고도가 너무 높아 산소가 부족해요. 그래서 고산병*에 시달리기 쉬워요. 또, 히말라야산맥을 비롯한 거대한 산맥에 둘러싸여 있어서 농사짓기가 힘들고, 물자가 부족해요. 돼지, 야크 등의 가축을 키워 먹거리를 해결해야 하죠.

    이런 환경에서 티베트인들은 어떤 집을 지었을까요? 티베트의 전통 가옥은 대부분 주변에서 구하기 쉬운 돌과 나무로 지어요. 돌과 나무로 지은 집은 탄탄해서 고산지대의 바람과 추위를 막기에 좋죠. 그리고 보통 이층집이나 삼층집으로 지어, 1층은 주로 가축우리나 창고로 쓰고, 2층부터 주거 공간으로 활용하는 편이에요. 대체로 불교 신자인 티베트인들은 불상을 집 안에 두는 특징도 있답니다.

• **고산병** 높은 산에 올라갔을 때 산소가 부족해 두통이나 구토 등이 생기는 증상이에요.

상상력이 만든 각양각색의 집

맙소사! 우리나라 강화도에 거꾸로 된 집이 있어요. 지붕이 땅에 있고, 바닥이 허공에 있어요. 마치 '이상한 나라의 앨리스'에나 있을 법한 집이에요. 이런 집에서 어떻게 사람이 살 수 있을까요? 물구나무서서 다녀야 하는 걸까요? 하지만 이런 걱정은 할 필요가 없어요. 모양만 거꾸로일 뿐 그 안은 여느 집과 다를 바가 없거든요.

강화도엔 비뚤어진 집도 있어요. 두 채의 집이 약 30도로 기울어 서로 기대고 있어요. 이 집 역시 '바닥과 벽이 기운 집에서 사람이 어떻게 살까?' 하는 걱정이 절로 들게 해요. 물론 이 집도 집 모양만 그럴 뿐 집 안은 비뚤어지지 않았어요. 신기한 모습에 사람들이 관심을 가지자 지금은 카페로 운영되고 있답니다.

거꾸로 된 집이나 비뚤어진 집보다 더 특이한 집도 있어요. 바로 '변기하우스'라 불리는 집이에요. 수원에 있는 변기 모양의 이 집을 처음 만든 사람은 전 수원 시장이자 세계화장실협회 초대 회장이었던 심재덕 씨예요. 화장실 문화 개선에 앞장섰던 그는, 어쩌면 상상만으로 끝날 수도 있었던 특이한 집을 현실로 만들었어요. 덕분에 우리나라에 '세계 최초의 변기 모양 주택'이 탄생했어요.

여러분도 집을 가지고 마음껏 상상의 나래를 펼쳐 보아요. 흔히 볼 수 있는 모양의 집이 아닌 색다른 집을 머릿속으로 그려 보는 건 굉장히 재미있지 않을까요?

집이 높아졌어요

우리나라는 백여 년 전까지만 해도 거의 모든 건물이 단층이었어요. 2층 이상 올릴 건축 기술이 발전하지 않아서였죠. 집을 꼭 높이 올릴 필요도 없었어요. 실제로 1925년 우리나라 인구는 약 1,950만 명이었거든요. 오늘날 우리나라 인구는 약 5,182만 명이에요. 숫자로만 보면 이전보다 두 배 이상 많아진 셈이죠. 그런데 땅은 반으로 줄었어요. 남한과 북한으로 분단되었기 때문이에요. 그러니까 5천만 명 이상의 사람들이 이전보다 절반이나 줄어든 땅에서 사는 거예요. 땅은 좁아졌는데 사람은 더 많아진 거죠. 이 경우, 가장 큰 문제는 무엇일까요? 당연히 집이에요.

오래전처럼 단층 건물만 짓는다면, 사람들이 살 집이 부족할 거예요. 이층집이나 삼층집을 지어도 마찬가지예요. 우리나라는 대부분이 산이라 집을 지을 수 없는 땅도 많으니까요. 그래서 이렇게 생각한 거죠.

'땅이 부족하면, 집을 위로 올리면 되지.'

다행히 현대 건축 기술은 집을 높이 올릴 수 있는 수준이었어요. 예전엔 일정한 면적의 땅에 딱 한 채의 집만 지었다면, 이젠 그 땅에 열 채, 스무 채 이상의 집을 지을 수 있게 된 거죠. 이런 집의 대표가 바로 '아파트'예요.

아파트는 좁은 땅에 여러 세대가 들어가 살 수 있다는 장점이 있어요. 많은 사람이 한곳에 모여 살다 보니 자연스럽게 공동체가 형성되고, 주변엔 다양한 편의 시설이 생기면서 보다 편리한 생활이 가능해졌어요.

하지만 아파트처럼 고층 건물이 많은 도시는 '열섬 현상'에 시달리는 경우가 많아요. 열섬 현상은 도심의 온도가 주변보다 높아지는 현상이에요. 고층 건물이 자연스러운 대기의 흐름을 방해하기 때문이에요. 도시를 지나는 바람을 막는 고층 건물 탓에 그 아래에서 공기가 뱅뱅 돌게 되는 거죠. 게다가 에어컨, 냉장고 등의 전기 제품에서 발생하는 열과 아스팔트의 반사열 등이 도심의 온도를 더 높여요. 따라서 아파트 단지나 도심 곳곳에 잔디를 깔고 나무를 심어 기온을 낮추려는 노력이 필요하죠.

우리나라 최초의 아파트와 아파트 단지

우리나라 최초의 아파트는 종암아파트로 1958년에 지어졌어요. 이 아파트의 가장 큰 특징 중 하나는 화장실이 있다는 거였어요. 이전까지의 화장실은 집 밖에 있었고, 대부분 재래식이었어요. 우리나라에서 처음으로 집 안에 수세식 화장실을 갖춘 종암아파트는 큰 주목을 받았어요. 그 이후 1962년에 지어진 마포아파트는 우리나라 최초의 아파트 단지예요. 당시 서민을 위한 주택이 아주 많이 필요한 상황이었어요. 그래서 주택을 고층화하기로 했고, 그 과정에서 단지형 아파트인 마포아파트가 탄생하게 되었답니다.

집이 움직여요

일본 애니메이션 〈하울의 움직이는 성〉에는 제목처럼 움직이는 성이 나와요. 이 성은 다리가 네 개나 있어서 다른 곳으로 이동해야 할 때, 막 달리기도 하고, 심지어 날기까지 해요. 움직이는 성에 사는 주인공들은 이사를 할 때도 이삿짐을 쌀 필요가 없어요. 집을 통째로 움직이면 되니까요. 정말 마법 같은 이야기죠? 그런데 이 마법 같은 주택이 현실에도 있어요. 어떤 것들이 있는지 함께 살펴보아요.

조립식 주택

조립식 주택은 주택의 각 부분을 공장에서 만들어요. 그런 다음 그것들을 트럭에

실어 집을 지을 곳에 가져가요. 집을 짓는 현장에서 주택의 각 부분을 퍼즐처럼 맞추면 집이 완성된답니다.

조립식 주택의 특징

- 일반 주택보다 저렴해요.
- 공장에서 만들기 때문에 시간이 적게 들어요.
- 내가 원하는 크기와 모양으로 만들 수 있어요.
- 이동이 가능해요.
- 방음과 단열이 잘 되지 않아요.

컨테이너 주택

컨테이너는 원래 화물을 수송하기 위해 만든 아주 큰 상자예요. 보통은 강철로 만들어 매우 튼튼하고 견고해요. 컨테이너를 처음 집으로 사용한 건 농민들이었어요. 논이나 밭 근처에 두고 밥을 먹거나 쉴 때 쓰곤 했죠. 그러다 점차 주택으로 자리 잡기 시작했어요.

컨테이너 주택의 특징

- 일반 주택보다 훨씬 저렴해요.
- 집 짓는 시간이 오래 걸리지 않아요.

- 단열이 약해서 여름엔 덥고, 겨울엔 추워요.
- 컨테이너를 블록처럼 쌓아 건물을 만들 수도 있어요.

트레일러 주택

트레일러 주택은 '바퀴 달린 집'이에요. 집에 바퀴가 달려 있어요. 그래서 도로를 씽씽 달릴 수 있고, 마음에 드는 장소가 있으면 멈출 수도 있죠. 경치 좋은 곳에 집을 세우고 멋진 풍경을 마음껏 볼 수 있어서 트레일러 주택은 주로 여행용이나 캠핑용으로 활용된답니다.

트레일러 주택의 특징

- 집을 통째로 이동할 수 있어요.
- 여행지에서 숙소로 쓰기 좋아요.
- 일반 주택처럼 안정감은 없어요.
- 경치 좋은 곳에 집을 세우고 멋진 풍경을 마음껏 볼 수 있어요.

 **땅콩 주택**

'땅콩 주택? 혹시 땅콩으로 지은 건가?'

동화 〈헨젤과 그레텔〉에는 과자로 만든 집이 나와요. 이 과자 집엔 맛있는 과자들이 가득 달려 있죠. 그래서 땅콩 주택도 땅콩이 주렁주렁 달린 집이라 상상하는 친구도  있을 거예요. 그런데 땅콩 주택에서 땅콩은 찾아볼 수도 없고, 변기 모양의 주택처럼 땅콩 모양도 아니에요. 땅콩 주택은 하나의 땅에 두 개의 집을 나란히 지은 것을 뜻해요. 집 두 채가 붙어 있는 모습이 꼭 땅콩 같아서 '땅콩 주택'이라고 하는 거죠.

일반적인 단독 주택은 옆집과 붙어 있지 않아요. 일정한 거리를 유지하고 있죠. 그래서 옆집에서 떠들어도 그 소리가 잘 들리지 않아요. 반면 땅콩 주택은 주택과 주택 사이에 공간이 없어요. 그냥 벽 하나로 분리되어 있어 옆집 소음이 잘 들리는 편이에요. 하나의 집을 나누어 가지는 것이기 때문에 집을 고칠 일이 생기면 옆집의 동의를 받아야 하는 불편함도 있죠.

　하지만 땅콩 주택은 다른 주택에 비해 비용이 적게 들어요. 두 집이 돈을 반반씩 부담하기 때문이에요. 그래서 아파트보다는 주택에서 살고 싶은데 비싼 단독 주택이 부담스러워 땅콩 주택을 선택하는 사람들도 있어요. 가족이나 친척, 친구와 가까이에서 살기 위해 땅콩 주택을 짓기도 하죠.

집이 편리해졌어요

만약 급하게 친구를 만나러 가고 있는데, 주방 가스레인지 불을 끄지 않고 나왔다는 사실이 갑자기 떠오르면 여러분은 어떻게 할 것 같나요? 급하게 집으로 되돌아가는 방법밖엔 없을까요?

예전이라면 그러는 수밖에는 없었을 거예요. 하지만 이젠 주머니에 있는 스마트폰만 얼른 꺼내면 돼요. 스마트폰으로 집에 있는 가스레인지를 원격 조종해 끄면 되니까요.

요즘엔 이렇게 스마트폰만 있으면 집에 사람이 있지 않아도 집을 관리할 수 있어요. 청소기나 세탁기를 돌릴 수도 있고, 집의 온도나 습도를 조절할 수도 있죠. 이런 기능을 가진 주택을 '스마트 홈'이라고 해요.

스마트 홈은 이러한 원격 제어 기능뿐만 아니라 집 안의 모든 가전제품과 보안 시스템, 조명 등을 하나로 연결해 사용자에게 맞는 서비스를 제공해요. 그러니까, 아까와 같은 상황에서 다른 기기의 센서로부터 집에 사람이 없다는 정보를 인식하고 알아서 전원을 끄는 기능까지도 제공하는 거죠. 인터넷으로 연결된 사물과 사물이 서로 정보를 공유하고, 스스로 판단해서 움직여요. 마치 살아 있는 생명체처럼요.

이렇듯 스마트 홈은 사람에게 '더 편리하고 안전한 환경'을 제공해요. 통신 기술의 발달이 이를 가능하게 만들었죠. 그리고 그 배경엔 '보다 편리하고, 영리한 집'을 상상하고, 그것을 현실화하려는 사람들의 노력이 있었답니다.

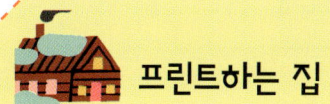 ## 프린트하는 집

　A4 용지 위에 글자를 프린트하는 것도 아니고, 집을 프린트한다는 것이 믿어지나요? SF 영화 속에서나 나올 법한 이야기처럼 느껴질 수도 있어요. 그런데 이 '3D 프린팅 주택'은 실제로 주택 건축 분야에서 꽤 많은 주목을 받고 있답니다.

　3D 프린팅은 종이 위에 문자나 그림을 인쇄하듯이 입체적인 물체를 프린트로 출력하는 것을 말해요. 처음엔 간단한 구조의 모형이나 부품 등을 찍어 내는 데 쓰이다가 기술이 발달하면서 주택이나 건물까지 찍어 낼 수 있게 되었죠.

　3D 프린팅 기술을 이용해 집을 지으면 시간은 물론 노동력도 아낄 수 있어 일반 주택보다 훨씬 저렴해요. 게다가 일반 주택에 비해 에너지 소비가 적고 튼튼하기까지 하죠. 그래서 많은 전문가들은 3D 프린팅 기술을 이용해 지은 집이 머지않아 주택 문제를 해결하는 중요한 열쇠가 될 거라고 예상하고 있어요.

마천루, 하늘 높이 올라간 건물들

먼 옛날 사람들은 탑을 높이 쌓아 하늘에 닿으려 했어요. 이 일로 신은 분노했어요.

'인간이 감히 하늘에 닿으려 하다니, 오만하다!'

이렇게 생각한 신은 하나였던 언어를 여러 개로 나눠 사람들을 혼란스럽게 했고, 결국 사람들은 탑을 완성하지 못했어요. 이 탑이 바로 '바벨탑'이에요. 구약 성서에 등장하는 유명한 탑이죠. 이후 바벨탑은 실현 가능성이 없는 계획을 뜻하는 말이 되었답니다.

오늘날 우리도 하늘 높은 곳까지 치솟은 건물들을 만들고 있어요. 세계에서 가장 높은 건물인 두바이의 '부르즈 할리파'는 163층까지 있어요. 높이는 약 828미터나 되죠.

그렇다면, 우리나라에서 가장 높은 빌딩은 무엇일까요? 서울 송파구에 있는 '롯데월드타워'예요. 롯데월드타워는 123층까지 있어요. 높이는 554.5미터로 세계에서 다섯 번째로 높은 건물이에요.

이렇게 하늘을 찌를 듯이 높이 솟은 초고층 빌딩을 하늘에 닿는 집이라는 뜻인 '마천루'라고 해요. 이 단어는 1880년대 미국에서 고층 건물이 들어서기 시작하면서 쓰였어요. 그때만 해도 100층 이상의 건물은커녕 10층짜리 건물도 흔치 않았어요. 당시 수준에서 10층 이상의 건물을 짓는 건 굉장히 혁신적인 일이었죠. 그래서 '마천루'라는 말도 등장한 거예요.

지금도 많은 나라에서 마천루를 짓고 있어요. 마천루는 대체로 그 도시의 랜드마크가 되는 경우가 많기 때문이에요.

사회적 환경은 주거 유형을 변화시켜요

프랑스의 지리학자 발레리 줄레조는 한국에 아파트가 많은 것을 보고 '아파트 공화국'이라고 말했어요. 그 정도로 우리나라엔 아파트가 정말 많아요. 서울, 부산, 대구, 광주 등 주요 도시엔 어딜 가도 빽빽하게 아파트가 들어차 있어요. 우리도 그 이야기 속 사람들처럼 하늘 끝에 닿고 싶어서 높은 건물을 많이 짓는 것일까요? 다른 나라에 비해서도 유독 아파트가 많은 이유는 무엇일까요?

우리나라는 땅은 좁은데 인구는 많아요. 한 예로, 캐나다는 우리나라보다 100배나 넓은 땅을 가졌지만 인구수는 약 3,806만 명에 불과해요. 우리나라엔 약 5,182만 명이 살고 있죠. 그러니까, 캐나다보다 훨씬 좁은 땅에서 훨씬 많은 사람이 사는 거예요. 게다가 우리나라는 국토의 70%가 산이에요. 산이 많으니 집을 지을 땅은 부족하죠. 물론 산을 깎아 집을 짓기도 하지만 이는 품이 많이 들고, 환경을 훼손하는 일이라서 흔히 이루어지지는 않아요.

많은 사람이 도시로 모여든 것도 중요한 이유 중 하나예요. 특히 서울을 비롯한 수도권에 집중되어 있죠. 이는 곧 수도권의 주택 부족 현상으로 이어졌어요. 이 모든 문제를 해결하고자 지은 건축물이 바로 아파트예요. 아파트는 기존의 단독 주택과 달리 한정된 땅에 수많은 사람이 들어와 살 수 있는 집이기 때문이에요. 도시 집중화로 부족한 주거 문제를 해결하기에 적당한 방법이었죠.

이렇듯 아파트는 단지 건축 기술의 발달만으로 설명할 수 있는 건축물은 아니에요. 다른 선진국에서도 뛰어난 건축 기술을 가지고 있지만 우리나라에서 유독 아파트를 많이 짓고, 심지어 '아파트 공화국'이라는 수식어까지 붙게 된 것엔 '수도권 집중 현상', '주택 부족 현상'과 같은 사회적 요인이 있답니다.

우리나라의 주택 종류

우리나라에서 흔히 볼 수 있는 주택의 종류는 크게 단독 주택과 공동 주택으로 나눌 수 있어요. 주택의 주인이 한 사람이면 단독 주택, 주인이 여러 사람이면 공동 주택이에요. 예를 들어, 201호, 202호, 203호… 의 주인이 모두 같은 사람이면 그 주택은 단독 주택이에요. 반면, 201호, 202호, 203호… 의 주인이 모두 다른 사람이면 공동 주택이 되는 거죠. 아래 표를 통해 자세한 기준을 알아보아요.

주택 유형		내용	층수와 면적
단독 주택	단독 주택	한 건물에 한 가구가 살아요.	층수와 면적의 제한이 없어요.
	다가구 주택	한 건물에 여러 가구가 살지만, 집주인은 한 사람이에요.	3층 이하여야 하고, 660㎡ (약 200평)를 넘지 않아야 해요.
공동 주택	아파트	한 건물에 수많은 가구가 살고, 집주인이 모두 달라요.	5층 이상이어야 해요. 면적에 제한은 없어요.
	다세대 주택	한 건물에 여러 가구가 살고, 집주인이 모두 달라요.	4층 이하여야 하고, 660㎡ (약 200평)를 넘지 않아야 해요.
	※ 원래 빌라는 고급 별장식 주택을 뜻해요. 하지만 우린 일상생활에서 다세대 주택과 같이 비교적 낮은 건물에 여러 가구가 사는 주택을 통틀어 빌라라고 불러요.		

집을 둘러싼 환경도 중요해요

사람들이 원하는 집은 모두 달라요. 무조건 크고 넓은 집을 찾는 사람도 있지만 집을 둘러싼 환경을 중요하게 생각하는 사람도 많죠. 이때의 '환경'이란 강이나 산 같은 자연환경이기도 하고, 역세권이나 편의 시설과 같은 도시 환경이기도 해요.

사람들은 온종일 집에만 있지 않아요. 어른들은 직장에, 아이들은 학교에 가죠. 집에 있는 날에도 친구를 만나거나 물건을 사러 자주 밖으로 나가요. 그래서 사람들은 이왕이면 교통이 편하고 주변 시설이 좋은 곳에 집이 있기를 바라거나 아예 자연환경을 감상할 수 있는 곳에서 눈 호강을 하며 쾌적하게 살기를 바라는 거예요. 이처럼 사람들이 원하는 '좋은 집'은 집 그 자체만을 이야기하는 것이 아니라 집 주변의 환경까지 포함하는 것이랍니다.

가족과 함께 살지 않아도 괜찮아요

산업화 이후, 우리나라에서는 대가족 문화가 점차 사라지고 부모와 자녀만으로 구성된 4인 가구가 많아졌어요. 2000년대에 들어서는 혼자 사는 1인 가구도 눈에 띄게 늘기 시작했어요. 그러자 주거 문화도 변했어요. 혼자 살기 적당한 원룸이 많아진 거죠. 원룸은 부엌, 침실, 거실 등이 하나의 공간에 합쳐져 편리하고 난방비나 전기세 등의 비용이 저렴해요. 또 '공유 주택'이라는 주거 방식도 나타났어요. 가족이 아닌 사람들이 주택 하나를 나눠 쓰는 것으로 주거비를 다른 사람들과 나누어 내기 때문에 저렴한 비용으로 넓은 집에서 살 수 있다는 장점이 있답니다.

1인 가구가 많아진 이유

1인 가구는 한 가정을 구성하는 식구가 한 명인 경우를 말해요. 예전에도 혼자 사는 사람은 있었어요. 하지만 흔히 볼 수 있는 형태는 아니었죠. 1인 가구가 급속도로 늘기 시작한 건 2010년대 이후예요. 그 이유는 다양해요.

사람의 생명을 빼앗는 부실 공사

　1995년 6월, 우리나라 사람들을 충격에 빠트린 사고가 발생했어요. 서울 서초구에 있던 삼풍백화점이 폭탄을 맞은 것처럼 몇 초 사이에 완전히 무너져 버렸어요. 이 사고로 5백 명이 넘는 사람들이 죽었고, 9백 명이 넘는 사람들이 다쳤어요.

　삼풍백화점은 지은 지 6년 정도밖에 안 된 매우 큰 건물이었어요. 그 누구도 이 건물이 하루아침에 와르르 무너질 거라고는 생각하지 못했어요. 그런데 어떻게 이런 끔찍한 일이 벌어진 것일까요?

　사람들은 그 이유를 찾기 시작했어요. 그 과정에서 알게 된 사실 중 하나는 삼풍백화점이 붕괴된 이유가 바로 부실 공사 때문이라는 거였어요. 부실 공사는 건물을 지을 때 적합한 재료를 사용하지 않고, 시간을 충분히 들이지 않는 등 불성실하게 한 공사를 뜻해요. 건축 업자들이 이토록 위험한 부실 공사를 하는 이유는 건물을 짓는 데 드는 재료비와 인건비를 아끼기 위해서예요. 이를테면, 애초에 기둥은 지름 32인치로 하기로 정했는데, 실제 공사에선 기둥을 23인치로 줄여서 짓고 남는 비용을 몰래 빼돌리는 거죠. 이렇게 얇아진 기둥은 건물의 무게를 감당하지 못해 큰 사고로 이어지게 되는 거고요.

　부실 공사를 한 건축 업자는 법적으로 처벌받게 되어 있어요. 하지만 부실 공사로 인해 죽은 사람은 살아 돌아오지 못하죠. 그러니 이건 애당초 해서는 안 되는 범죄 행위인 거예요.

돈이 없어도 집을 살 수 있다고요?

1억이 있으면 내가 원하는 나만의 집을 바로 살 수 있을까요? 1억은 매우 큰돈이지만 서울에서 집을 사기엔 터무니없이 적은 돈이에요. 그렇다면 돈이 충분하지 않은 사람이 집을 살 수 있는 방법은 아예 없는 걸까요? 그렇지 않아요. '주택담보대출'이라는 제도가 있기 때문이죠.

주택담보대출이란, 주택을 담보*로 은행에서 돈을 빌리는 걸 말해요. 만약 2억짜리 집을 사고 싶은데 가진 돈이 1억밖에 없다면 은행에서 1억을 빌리면 되는 거예요. 집은 옷이나 음식보다 훨씬 비싸서 가진 돈만으로 집을 사는 사람은 많지 않아요. 대부분이 주택담보대출을 받아서 집을 사죠.

그런데 은행에서는 왜 돈을 빌려주는 걸까요? 이자를 받기 위해서예요. 만약 1억을 빌리면 1억에 대한 이자를 매달 은행에 내야 하는 거죠. 그러니까 은행은 사람들에게 돈을 빌려주고 그 대가로 이자를 받아 돈을 버는 거예요. 만약 이자를 내지 않거나 1억을 갚지 않으면 은행은 담보로 잡아 놓은 주택을 팔아서 돈을 받아 가요. 그래서 주택을 담보로 잡는 거예요. 그러니 매달 집값의 원금과 이

● **담보** 돈을 빌린 사람이 약속을 어기고 돈을 갚지 않을 경우를 대비해 빌려준 돈을 대신해 받을 수 있는 것을 말해요.

자를 갚을 수 있을 만큼의 돈을 벌어야 해요. 직장이 없거나 매달 돈을 벌지 못하는데도 주택담보대출로 집을 사는 건 위험한 일이 될 수 있어요.

빌려 쓰는 집

옷은 백화점이나 인터넷 등에서 구매를 해야만 입을 수 있어요. 음식도 구매한 후에야 먹을 수 있죠. 하지만 집은 구매하지 않고서도 쓸 수 있어요. 전세나 월세 등을 내고 빌릴 수 있기 때문이에요. 이렇게 세를 내고 집가, 집, 방 등을 빌려 쓰는 사람을 '세입자'라고 해요.

전세

전세는 세입자가 일정한 금액의 돈을 집주인에게 맡겼다가 정해진 기간이 끝나 그 집에서 나갈 때, 그 돈을 다시 찾아가는 방식을 말해요. 전세금이 부족하면 주택담보대출처럼 '전세자금대출'을 받을 수 있죠. 전세는 우리나라에만 존재하는 특이한 제도랍니다.

월세

월세는 세입자가 집주인에게 매달 일정 금액을 내고 집을 빌려 쓰는 걸 말해요.

> **연세**
>
> 전세나 월세에 비해 생소한 개념인 연세는 세입자가 집주인에게 1년치 월세를 한 번에 내고 1년 동안 그 집에서 사는 걸 말해요. 제주도에서 흔히 볼 수 있는 계약 형태죠.

돈이 되는 집

앞서, 우리나라에 아파트가 많아진 이유를 살펴보며 주택 부족 현상이 나타났음을 알 수 있었어요. 그런데 2021년 현재, 정말 우리나라엔 주택이 부족할까요?

놀랍게도 우리나라 주택 보급률*은 2008년에 이미 100%를 넘어섰어요. 이 말은 모든 가구가 집 한 채씩을 가지고도 남을 정도로 충분하다는 의미예요. 하지만 2020년 기준으로 실제로 자기 집을 가진 사람(자가 보유율*)은 60.6%에 불과해요. 10명 중 4명은 자기 집이 없는 거죠.

왜 이런 일이 발생한 걸까요? 두 채 이상의 집을 가진 사람들이 많기 때문이에요. 심지어 어떤 사람은 무려 500채 이상의 집을 가지고 있다고 해요. 누군가 집을 많이 가지면 가질수록 다른 누군가는 집을 가지기 힘들어져요. 당연한 사실이죠. 그런데도 사람들은 더 많은 집을 사기 위해 노력해요. 가족과 함께 사는 집은 한 채면 충분한데 왜 그렇게 많이 사 모으려 하는 걸까요? 그건 바로 집이 돈이 되기 때문이에요.

집으로 돈을 버는 방법은 크게 두 가지가 있어요. 하나는 부동산* 투자로 이익을 남기는 거고, 다른 하나는 집을 다른 사람에게 빌려주고 월세를 받는 거예요.

먼저, 부동산 투자는 집이나 땅을 구매해 비싼 값에 되팔아서 이익을 남기는 투자예요. 이를테면, 가격이 오를 거라 예상되는 3억짜리 아파트를 산 후, 실제로 그 아파트가 6억까지 올랐을 때 되팔아 생긴 차익 3억을 버는 거예요. 5년이 지난 후 값이 올랐다면 5년 만에 무려 3억을 번 셈이 되는 거죠. 은행에 넣어 두기만 해서는 결코 벌 수 없는 큰돈이라 많은 사람들이 부동산 투자에 관심을 갖는 거예요.

그런가 하면, 세입자에게 집을 빌려주는 조건으로 매달 월세를 받는 방법도 있어요. 예를 들어, 서울에 있는 아파트를 월세 2백만 원에 내놓았다면 매달 가만있어도 2백만 원이 들어오는 거예요. 그러다 문득 이런 생각이 들 수도 있죠.

'이런 아파트를 두 채만 더 가지고 있다면, 월세로 버는 돈만 매달 6백만 원이 되겠네.'

이때는 수중에 가지고 있는 돈이 없어도 아파트를 더 살 수 있죠. 주택을 담보로 대출을 받으면 되니까요. 물론 대출을 받으면 은행에 이자를 내야 하긴 해요. 하지만 매달 은행에 내야 하는 이자보다 매달 들어오는 월세가 훨씬 더 많으니까 이자를 내고도 남는 돈이 생기죠.

이런 식으로 집이 돈이 되는 탓에 사람들은 집을 그저 '가족과 편안하게 쉬는 공간'으로만 생각하지 않게 되었어요. 앞으로 살 집을 구할 때도 훗날 되팔았을 때, 돈이 될 만한 집을 선택하게 되었죠. 이는 집값을 더 오르게 만드는 요인이 되기도 해요.

- **주택 보급률** 일반 가구 수와 주택 수를 일대일로 비교해서 가구 수에 비해 주택이 부족한지 여유가 있는지 보여 주는 통계예요.
- **자가 보유율** 자기 집을 가지고 있는 가구의 비율이에요.
- **부동산** 움직여 옮길 수 없는 재산을 말해요. 토지와 건축물, 수목 등이 있어요.

상황이 이렇다 보니 돈이 없는 사람들은 집을 사기 더 힘들어졌어요. 돈이 있는 사람들만 집을 살 수 있을뿐더러 그 집으로 더 큰돈을 벌 수 있게 되었으니까요. 그래서 오늘날 집 문제는 '부익부 빈익빈 현상*'을 더 심화시키는 '사회적 문제'가 되어 버렸어요.

그러나 주거 문제는 개인만의 문제가 아니에요. 우리 사회가 함께 풀어야 하는 과제예요. 안정적인 주거 생활을 하지 못하는 사람이 많을수록 그 사회도 불안정해질 수밖에 없으니까요.

● **부익부 빈익빈 현상** 부자는 더욱 부자가 되고, 가난한 사람은 더욱 가난해지는 현상이에요.

하우스 푸어

'하우스 푸어'는 '집을 가졌지만 가난한 사람'을 뜻해요. 집을 가졌는데 가난하다니, 이게 무슨 말일까요?

무리하게 대출을 받아 이자를 내느라 힘든 생활을 하는 거예요. 만약 3억짜리 집을 샀는데 그중 2억이 은행에서 빌린 돈이라면 매달 은행에 그만큼의 이자를 내야 하죠. 이자를 내는 것만으로도 힘든데, 경제 상황이 나빠져 3억에 산 집이 2억으로 떨어지기라도 하면 집을 팔아도 1억의 빚이 생겨요. 그래서 집을 팔지도 못한 채, 어쩔 수 없이 매달 비싼 이자를 내 가며 울며 겨자 먹기로 사는 거예요. 이런 처지에 놓인 사람들을 '하우스 푸어'라고 불러요.

재개발로 밀려나는 사람들

오래되고 낡은 건물은 사람의 안전을 위협해요. 그래서 오래된 건물은 허물고 그 자리에 다시 집을 짓곤 하죠. 이런 경우, 두 가지 방법이 있어요.

하나는 '재건축', 다른 하나는 '재개발'이에요. 재건축은 도로, 철도, 공원, 학교, 상하수도, 전기·가스 공급 시설 등과 같은 기반 시설은 그대로 둔 채 낡은 건물만 허물고 새로 짓는 걸 말해요.

반면, 재개발은 건물은 물론 기반 시설까지 전부 허문 다음 다시 새롭게 기반 시설을 설치하고 건물들을 세우는 거예요. 재개발은 동네 자체를 완전히 개선하는 거죠. 이러한 재개발은 주로 정부 혹은 시나 도에서 주도해요. 하지만 동네가 오래되고 낡았다고 무조건 재개발을 할 수 있는 건 아니에요. 나라의 승인을 받아야 해요. 무분별한 재개발을 막기 위해서죠.

재개발이 결정된 동네는 자연스럽게 땅값이 올라요. 오래되고 낡은 동네가 새롭게 변신하고 발전하면서 사람들이 몰리기 때문이에요. 사람들이 몰리면 상권이 형성되죠. 식당이나 가게가 들어서는 거예요. 그렇다 보니 재개발 지역은 부동산 투자자들에게 투자하기 좋은 곳이 돼요.

그럼 그 동네에 원래 살던 주민들은 어떻게 될까요? 집주인은 자기 집을 허문 대신 새 집을 받을 수 있어요. 하지만 아무런 조건 없이 '헌 집 주고 새 집 받기'로 끝나진 않아요. 헌 집의 가격과 새 집 가격의 차이만큼 돈을 내야 해요. 보통은 수천에서 수억에 달하는 금액이죠. 이 돈을 내지 못하는 주민들은 '둥지 내몰림 현상'이라고도 하는 젠트리피케이션으로 살던 동네에서 쫓겨나게 돼요.

프랑스의 '겨울 법'

프랑스엔 겨울철 세입자를 보호하는 법이 있어요. '겨울의 휴전'이라고 불리는 법이에요. 전쟁을 잠시 멈추는 것처럼 생활고의 압박에서 잠시나마 벗어날 수 있도록 배려해 주는 거죠. 이 법에 따르면 매년 11월 1일부터 3월 31일까지 집주인이 세입자를 집에서 내쫓지 못해요. 이 기간만큼은 계약 기간이 끝났더라도 세입자를 강제로 집에서 나가게 할 수 없죠. 추운 겨울에 집에서 쫓겨난 가난한 사람들이 머물 곳을 찾지 못해 얼어 죽을 수도 있기 때문이에요. 하지만 겨울이 지나고 나서도 돈을 내지 못한다면 그땐 더 이상 보호를 받을 수 없어요.

한편, 2021년 코로나바이러스로 상황이 어려워지자 프랑스 정부에서는 이 법의 적용 기간을 5월까지 늘리기도 했답니다.

유리창을 들이박은 새들

하늘을 나는 새들은 거칠 게 없어요. 하늘엔 오르막이나 내리막도 없고, 걸려 넘어질 만한 돌부리도 없으니까요. 날개만 펼치면 텅 빈 하늘을 마음껏 날 수 있죠.

그런데 2020년 10월, 미국 필라델피아에서 철새 1,500여 마리가 한꺼번에 죽어 버린 끔찍한 일이 벌어졌어요. 철새들을 죽인 범인은 다름 아닌 초고층 빌딩의 유리창이었어요. 필라델피아는 초고층 빌딩이 많은 도시거든요.

하늘을 찌를 듯이 높이 세워진 건물은 철새들에게 매우 큰 장애물이에요. 게다가 유리창이나 투명 방음벽은 새들을 착각하게 해요. 벽이 아니라 길이 있는 것처럼요.

사실 새들이 높은 건물의 유리창에 부딪혀 죽는 건 어제오늘 일이 아니에요. 전 세계적으로 셀 수 없이 많은 새들이 이렇게 죽어 가고 있죠. 대도시가 많은 미국에서만 매년 약 10억 마리가 죽고, 우리나라만 해도 매년 약 8백만 마리의 새들이 죽는다고 해요.

지금까지 그들의 비행을 방해했던 건 오직 천적뿐이었어요. 새들의 입장에서 생각해 보면, 겨우 백여 년 만에 곳곳에 빼곡히 들어선 거대한 장애물이 길을 막고 목숨까지 위협하는 거예요.

인간이 세운 도시엔 정말 많은 건축물이 있어요. 하지만 건축물이 많아졌다는 건 그만큼 많은 동식물이 희생되고 사라졌다는 의미라는 것을 기억해야 해요.

집이 자연과 멀어졌어요

　세계 전통 가옥 대부분은 자연 친화적이에요. 자연에서 쉽게 구할 수 있는 재료로 집을 만들기 때문이죠. 나무, 흙, 짐승의 가죽, 얼음 등으로 만든 전통 가옥은 만들 때나 허물 때, 지구를 아프게 하지 않아요. 또, 땅을 깊이 파헤쳐 지반을 약하게 하지도 않아요. 건물을 높게 쌓아 올려 대기의 흐름을 방해하지도 않지요. 자연의 재료로 자연과 함께 있다가 조용히 사라질 뿐이에요.

　하지만 현대 건축물은 자연과 친하지 않아요. 집을 짓기 위해서라면 아무렇지 않게 산을 깎거나 땅을 파죠. 콘크리트나 시멘트를 만드는 데 필요한 모래, 자갈을 얻기 위해 강바닥을 파헤치기도 해요. 집에서 생활하는 동안엔 전기와 냉난방에 필요한 화석 연료를 사용해요. 화석 연료는 그것을 태우는 과정에서 여러 가지 독성 물질과 이산화 탄소를 내뿜죠. 이는 지구 온난화로 이어져 심각한 대기 오염을 일으켜요. 뿐만 아니라, 수명이 다한 집을 허물 땐 각종 쓰레기가 나오는데, 이 쓰레기들은 강과 바다, 그리고 땅을 오염시켜요.

　이렇게 현대의 집은 과거의 집과 달리 집을 짓고, 살고, 허무는 모든 과정에서 자연을 훼손해요. 파괴된 환경은 고스란히 사람에게 돌아와 좋지 않은 영향을 주죠. 그래서 좀 더 자연 친화적인 집을 만들기 위해 노력할 필요가 있어요. 자연환경과 사람의 건강 모두를 지키기 위해서요.

 **새집 증후군**

'새집 증후군'은 새로 지은 집에 살면서 건강상의 문제가 생기는 것을 말해요. 두통이나 피부염 같은 증상이 흔히 나타나곤 하죠. 이는 건축 자재나 벽지에서 나오는 휘발성 유기 화합 물질 때문이에요. 이 물질은 공기를 오염시켜 사람의 건강에 좋지 않은 영향을 주거든요. 여기에는 발암 물질이 포함되어 있어요. 오랜 시간 발암 물질에 노출되면 두통이나 피부염보다 더 치명적인 질병이 생길 수도 있어요.

깔끔한 인테리어나 편리한 시설도 좋지만 나와 가족의 건강을 위해서라도 가급적 천연 소재를 사용해 집을 짓는 것이 바람직하답니다.

에너지 제로 주택으로 화석 에너지 사용을 줄여요

만약 지구가 말을 할 줄 안다면, 이렇게 투덜거렸을 거예요.

"사람은 에너지를 먹는 하마야."

사람은 다른 동물들과 달리 음식을 조리해 먹어야 하고, 옷을 입어야 하고, 자동차나 비행기를 타야 하고, 번듯한 집을 지어 그 안에서 따뜻하고 시원하게 살아야 해요. 그런데 이 모든 일엔 많은 양의 화석 에너지가 쓰여요. 그 때문에 지구는 몸살을 앓고 있어요. 화석 에너지는 이산화 탄소를 내뿜으며 지구 온난화를 일으키기 때문이에요.

지구가 몸살을 앓으면, 결국 이 지구에 사는 사람이 가장 힘들어질 수밖에 없어요. 사람들은 이 사실을 잘 알고 있죠. 그래서 화석 에너지를 줄이고자 노력 중인 거예요. 에너지 제로 주택 건설은 그런 노력 중의 하나예요. 화석 에너지를 써서 생기는 대기 오염 물질을 '제로(0)'로 만드는 것을 목표로 하는 집이라서 에너지 제로 주택이라고 해요.

에너지 제로 주택은 집에서 쓰는 에너지를 태양(태양열), 땅(지열), 바람(풍력)에서 얻고자 해요. 태양, 땅, 바람은 화석 에너지처럼 고갈될 염려도 없고, 지구와 사람에게 해로운 물질을 내뱉지도 않아요.

그런데 태양, 땅, 바람을 어떻게 에너지로 사용할 수 있다는 걸까요? 그 방법을 하나씩 살펴봐요.

태양열 에너지

태양열은 태양에서 나와 지구에 이르는 열이에요. 여름철 강한 태양열은 가만히 내버려 두면 땅을 뜨겁게 데우고, 공기를 무덥게 할 뿐이죠. 하지만 '집열판'이라는 장치를 이용해 태양열을 모으면 그걸 열에너지로 바꾸어 물을 따뜻하게 데워 쓸 수 있어요. 물을 끓이면서 얻어진 수증기로 전기를 만들기도 하죠. 태양열 에너지는 우리나라에서 대체 에너지로 아주 많이 쓰이고 있어요.

지열 에너지

지열은 지구 안에 있는 열이에요. 그러니까, 지열 에너지는 땅 깊은 곳에 있는 뜨거운 물이나 암석에서 나오는 열을 이용하는 거죠. 지열 에너지는 보통 땅속에 깊이 구멍을 파서 뜨거운 물이나 수증기가 가지고 있는 열에너지로 전기를 만들어 써요. 지열이 많이 발생하는 곳에서 얻을 수 있죠. 현재 지열 에너지를 주로 활용하는 나라로 아이슬란드를 꼽을 수 있어요.

풍력 에너지

풍력은 바람의 힘을 이용해 얻는 에너지예요. 사람들은 오래전부터 바람의 힘을 이용해 왔어요. 돛단배, 풍차 모두 바람의 힘을 이용한 것들이죠.

풍력 에너지는 태양열, 지열 에너지보다 비교적 간단한 방법으로 얻을 수 있어요. 풍력 발전기를 설치해 운동 에너지를 전기 에너지로 바꾸기만 하면 돼요. 하지만 바람의 방향과 세기가 일정하지 않아 늘 같은 양의 에너지를 얻을 수는 없다는 단점이 있어요.

숲 아파트

　이탈리아 밀라노에는 '수직 숲' 아파트가 있어요. 이름처럼 실제로 이 아파트의 모든 베란다에는 나무와 각종 식물이 자라고 있어요. 이 아파트를 지은 이탈리아 건축가 '스테파노 보에리'는 인간과 자연이 함께 사는 공간을 만들고 싶었다고 해요. 그야말로 친환경적인 아파트를 짓는 데 성공한 거죠. 얼마 후 중국 청두에도 숲 아파트가 지어졌어요. 하지만 해충이 생긴다는 문제가 발생하면서 입주민들이 떠나기 시작했고 식물들은 아무렇게나 자라나 아파트를 흉물스럽게 만들어 버렸어요. 친환경적인 건물을 짓는 것만큼이나 꾸준히 신경 쓰고 관리하는 일도 중요하답니다.

영화 <기생충>에 나타난 우리 현실

2019년에 개봉해 전 세계적으로 큰 인기를 끌었던 영화 <기생충>엔 두 가족이 나와요. 한 가족은 부자 동네의 고급 주택에서 살고, 다른 가족은 가난한 동네의 반지하에서 살아요.

멋진 저택에서 사는 가족은 쾌적한 주거 생활을 즐기죠. 거실에 앉아 있으면 커다란 유리창 너머로 넓은 정원과 하늘이 보여요. 빛이 잘 들어 집 안은 항상 밝고, 창문을 열면 성큼 들어선 바람이 집 안의 공기를 쾌적하게 해 줘요.

반면, 지하에서 사는 가족은 맑은 날에도 햇빛을 보기 힘들어요. 바람도 잘 들지 않아 언제나 꿉꿉한 냄새로 가득하죠. 비가 왕창 쏟아진 날이면 물난리를 겪기도 해요.

사실 지하층은 사람이 살기에 적당한 환경이 아니에요. 빛이 들지 않고 습해서 곰팡이가 쉽게 피어요. 곰팡이는 사람의 호흡기로 들어가 천식, 폐렴, 알레르기, 피부염 등 각종 질병을 일으킬 수도 있어요.

지하층은 원래 건축법상으로도 사람이 살 수 없는 곳이었어요. 전쟁과 같은 위급한 상황이 일어났을 때 대피소로 쓸 수 있도록 만들어진 곳이죠. 그런데 1984년 건축법이 개정되면서 지하층에도 사람이 살 수 있도록 바뀌었어요. 그때부터 지하층은 사람들이 선택할 수 있는 주거 유형 중 하나가 된 거예요.

주거는 인권의 기본이에요

사람이라면 누구나 안전하고 쾌적한 주거 생활을 할 권리가 있어요. 하지만 이 권리를 누리지 못하는 사람이 많아요. 그래서 정부에선 '최저주거기준'을 정해 두고 있어요.

최저주거기준은 주택의 면적이나 방 개수, 안전성, 쾌적성 등을 종합적으로 고려해 세운 기준이에요. 사람이 사람답게 살 수 있는 최소한의 주거 조건이죠.

주택의 면적이나 방 개수는 가족 수에 따라 그 기준을 정해요. 이 기준을 지키지 못한 대표적인 집이 바로 '쪽방'이에요.

쪽방은 한두 사람이 겨우 들어갈 수 있는 크기의 방이에요. 쪽방엔 부엌과 화장실이 없어요. 그래서 쪽방에 사는 사람들은 휴대용 가스레인지로 조리할 수 있는

음식을 주로 먹어요. 화장실은 집 밖 공동 화장실을 이용해요. 비닐하우스나 고시원도 환경은 비슷해요. 이런 집들은 대체로 안전하지도 쾌적하지도 않죠.

그렇다면, 안전하고 쾌적한 집은 어떤 집을 말하는 걸까요? 안전하고 쾌적한 집이 되기 위해선 다음과 같은 조건을 갖추어야 해요.

- 열에 강하고 불에 잘 타지 않는 재료로 지은 집이어야 해요.
- 햇빛이 잘 들고, 방음과 환기가 잘 되며 난방 시설을 갖춘 집이어야 해요.
- 소음, 진동, 악취 등으로 불편함을 겪는 곳이 아니어야 해요.
- 해일, 홍수, 산사태 등 자연재해의 위험이 있는 곳에 지어진 집이 아니어야 해요.
- 불이 났을 때 안전하게 대피할 수 있는 구조와 설비를 갖추어야 해요.

집 걱정이 없는 나라, 싱가포르

싱가포르는 면적이 서울보다 조금 더 큰, 577만 명 정도가 살고 있는 작은 나라예요. 싱가포르는 주택개발청에서 공공 주택을 보급해요. 가구의 소득 수준, 가족의 수나 형태에 따라 신청할 수 있는 주택도 다양하죠. 싱가포르 주택 정책의 가장 큰 특징은 공공 주택의 '자가 소유 정책'이에요. 그러니까, 모든 국민이 자기 집을 가질 수 있도록 하는 거예요. 이 정책으로 싱가포르 사람들은 90% 이상이 자기 집을 가지고 있어요.

모든 사람이 주택을 살 수 있는 것을 목표로 하기 때문에 집을 되팔아 막대한 돈을 벌 수 없도록, 공공 주택은 주택개발청에만 팔 수 있답니다.

우리나라의 주거 복지는 어떨까요?

주거 복지는 '주거 취약층을 대상으로 국가나 사회가 제공하는 주택 서비스'를 뜻해요. 그렇다면, 우리나라에서 주거 복지를 본격적으로 논의하기 시작한 건 언제부터였을까요? 2000년대로 들어선 후예요. 이전엔 최대한 집을 많이 지어 사람들에게 보급하는 게 먼저였어요. 사람이 살기에 쾌적한 집인지 아닌지 따질 여유가 없었죠. 하지만 경제가 발전하고, 주택 보급률도 100%가 넘게 되자 주거 복지에도 관심을 두게 되었어요.

2003년엔 국토교통부에 '주거복지과'도 신설해 본격적으로 주거 복지 정책에 힘을 쏟기 시작했어요. 각 지역에서도 지역 사회 차원의 주거 복지를 시행했어요. 주택은 지역 주민의 생활과 밀접하게 연관되어 있어 지역 맞춤형 주거 복지가 꼭 필요하기 때문이죠.

 **주거 빈곤 아동**

'아이들은 제대로 입고, 먹고, 교육받고 안전한 곳에서 살면서 건강한 발달에 필요한 생활 수준을 누릴 권리가 있다.'

유엔 아동권리협약에 나온 말이에요. 모든 아이는 안전한 곳에서 행복하게 살 권리가 있어요. 그런데 세계 곳곳엔 이 당연한 권리를 누리지 못하는 아이들도 많아요. 국가 간의 전쟁이나 내전이 발생한 지역의 아이들은 심지어 생명을 위협받기까지

하죠. 그렇다면, 우리나라는 어떨까요?

우리나라에서도 주거 환경이 좋지 않은 곳에서 사는 아이들이 많아요. 사람답게 살 수 있는 주거 공간에 살지 못하는 아이들을 '주거 빈곤 아동'이라고 해요. 2015년을 기준으로 우리나라의 전체 아동 중 약 94만 4천여 명이 주거 빈곤 아동이에요. 이 중 8만 6천여 명의 아이들은 고시원, 쪽방, 비닐하우스, 컨테이너와 같은 곳에서 살고 있다고 해요.

열악한 주거 환경은 아이들의 성장에 나쁜 영향을 미쳐요. 신체 건강과 정신 건강을 모두 해치죠. 아래의 표는 주거 빈곤 문제가 아동 발달에 미치는 영향을 나타낸 표예요. 주거 빈곤 가구 아동일수록 BMI가 높고 인지 발달 정도가 낮은 것을 알 수 있어요.

• BMI 체중을 신장의 제곱으로 나누어 비만도를 가늠하는 지수예요. 체질량 지수라고도 해요.

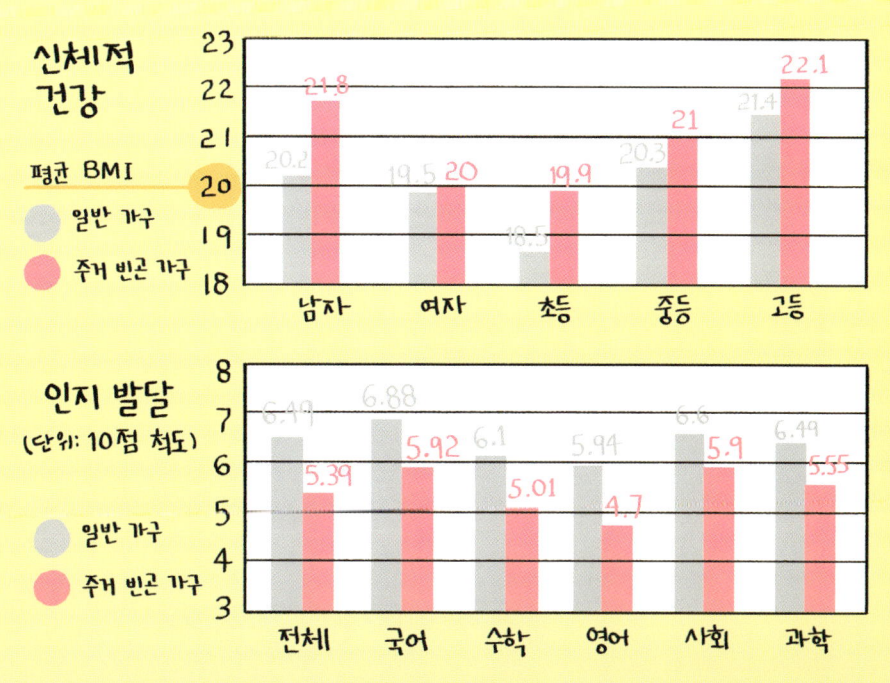

> 우리 사회는 아이들이 안전한 집에서 건강하게 자랄 수 있도록 보살펴야 해요. 그래서 정부는 2019년에 관련 대책을 세우기도 했어요. 하지만 아직도 갈 길은 멀어요. 여전히 많은 아이들이 주거 빈곤 상태에 있으니까요. 우리 사회가 더 많은 노력을 기울인다면 언젠간 모든 아이가 행복한 주거 생활을 할 수 있게 될 거예요. 그날을 앞당기기 위해서 우리도 좀 더 많은 관심을 가지고 지켜보는 것은 어떨까요?

우리는 우리 동네에 살아요

집이 아무리 좋아도 동네가 쾌적하지 않으면 주거 환경이 좋다고 할 수 없어요. 그러니까, '좋은 집'은 '좋은 동네'까지 포함하는 거예요. '좋은 동네'는 그 동네에 사는 사람들의 노력으로 만들 수 있어요. '마을공동체사업'이 그중 하나예요. 마을공동체사업은 주민들이 모여 자신들이 속해 있는 마을(동네)에 관한 일을 스스로 해결하고 결정하는 일이에요. 주민들이 살기 좋은 마을을 함께 만들어 나가는 거죠.

사실 마을 공동체 문화는 오래전부터 있었어요. 대표적인 예로 '두레'가 있어요. 두레는 농촌에서 마을 사람들이 서로의 일을 돕기 위해 만든 전통 조직이에요. 집 짓는 일처럼 혼자서 하기 힘든 일을 할 때 마을 사람들이 도와주는 거예요.

하지만 도시화가 이루어지면서 이러한 마을 공동체 문화는 점차 사라졌어요. 사람들은 각자 바쁘게 사느라 옆집에 누가 사는지도 모르게 되었죠. 그렇다 보니, 도움이 필요한 이웃이 있어도 돌볼 수 없게 되었고, 마을에 문제가 생겨도 해결할 수 없게 되었어요. 그러던 중 1990년대 이후 시민 활동가를 중심으로 마을 공동체를

회복하려는 움직임이 나타나기 시작했어요. 내가 사는 마을에 더 많은 관심을 가지고, 나와 이웃이 함께 잘 사는 마을을 만들고자 한 거였죠.

  그 결과, 지금까지도 우리나라 곳곳에선 마을 공동체 운동이 활발하게 펼쳐지고 있어요. 지방 자치 단체에서도 지역 활성화를 위해 이를 지원하고 있죠.

  사람은 사회적 동물이에요. 그 누구도 혼자 살진 못해요. 계속해서 다른 사람과 어울려야 하죠. 집도 마찬가지예요. 우리 집이 있는 우리 마을이 행복한 공간이어야 우리도 더 행복해질 수 있답니다.

 ## 배리어 프리(Barrier Free) 주택

'배리어 프리(Barrier Free)'란 몸이 불편한 사람들이 편하게 살아갈 수 있도록 장애물을 없애고자 노력하는 것을 말해요. 처음에는 도로나 건물에서 불편함을 주는 장애물을 없애자는 의미로 나온 말이었는데, 최근에는 눈에 보이는 장애물뿐만 아니라 눈에 보이지 않는 사회적, 제도적 장애물도 없앤다는 의미로 확대되었어요.

우리 사회는 장애인, 고령자 등 사회적 약자가 생활하기에 불편한 점이 정말 많아요. 일단 한 장소에서 다른 장소로 이동하는 것부터가 힘들어요. 이를테면, 휠체어를 탄 사람은 전철이나 버스 같은 대중교통을 이용하기 힘들어요. 사회적 편견 때문에 사회생활에도 많은 어려움을 겪죠.

그런데 장애물이 집 밖에만 있는 건 아니에요. 집 안에도 장애물은 많아요. 높은 문턱, 가파른 계단, 위험한 난간 등은 편안한 주거 생활을 방해해요. 이러한 주거 환경을 개선한 집을 '배리어 프리 주택'이라고 말해요.

배리어 프리 주택은 문턱이나 실내 계단이 없고 휠체어가 들어갈 수 있는 화장실이 갖추어져 있어요. 사회적 약자를 배려하는 이 주택은 차별 없는 사회를 만드는 데 큰 역할을 할 거예요.

부록

함께하는 주생활을 실천하기 위한
네 가지 방법

첫째, 집의 의미를 생각해 보아요.

집은 생활 공간이에요. 그래서 우리는 일상생활을 할 수 있어요. 또, 집은 쉼터예요. 편히 쉴 수 있게 해 주기 때문이죠. 때때로 집은 경비원이기도 해요. 덕분에 언제나 안전하게 지낼 수 있죠. 그런데, 어떤 사람에게는 집이 답답한 공간일 수도 있어요. 돈 잡아먹는 귀신일 수도 있고요. 집의 의미와 가치는 저마다 모두 다를 수 있어요.

여러분에게는 집은 어떤 곳인가요?

만약 한 번도 생각해 본 적이 없다면, 지금이라도 집이 내게 어떤 의미인지 생각해 보는 것은 어떨까요?

둘째, 집을 깨끗하게 써요.

집은 사는 사람에 따라 분위기가 달라져요. 그래서 '집을 보면 사람이 보인다'는 말도 있어요. 여러분은 어떤 집의 주인이 되고 싶나요? 이왕이면 깨끗한 집이 좋지 않을까요?

단지 깨끗한 게 보기 좋기 때문만은 아니에요. 집 안에 쌓인 먼지는 각종 호흡기 질환을 유발할 수도 있고, 정돈되지 않은 환경은 집중을 방해하기도 하거든요. 지금 자리에서 일어나 내 방 정리부터 시작해 보아요!

셋째, 에너지를 아껴 써요.

우리는 우리도 모르는 사이에 일상생활에서 많은 에너지를 사용해요. 텔레비전이나 냉장고를 사용하는 데 필요한 전기는 물론이고, 샤워를 하거나 설거지를 할 때 쓰는 물도 전부 에너지예요. 플러그를 꽂고, 수도꼭지만 틀면 언제든 마음껏 사용할 수 있죠.

그런데 우리가 에너지를 쓰면 쓸수록 지구는 아파요. 탄소가 많이 나오기 때문이에요. 그렇다고 전기나 물을 아예 쓰지 않을 수는 없어요. 대신 아껴 쓸 수는 있죠. 그러니 텔레비전을 보지 않을 땐 전원을 끄고, 세수나 샤워를 할 땐 수돗물을 흐르는 채로 두지 않는 등 일상에서 할 수 있는 일들을 실천하며 건강한 지구를 만드는 데 힘써 보아요.

넷째, 층간 소음을 내지 않도록 조심해요.

우리나라 사람들은 대부분 아파트나 빌라에 살아요. 그렇다 보니 층간 소음 문제로 스트레스를 받는 경우가 많아요. 이 문제로 이웃끼리 갈등을 겪기도 해요. 대표적인 층간 소음으로는 걷거나 뛰는 소리, 의자를 끌어당기는 소리, 텔레비전이나 컴퓨터 소리 등이 있어요. 밤늦게 돌리는 세탁기, 청소기 소리도 모두 층간 소음

이죠. 푹신한 매트나 카펫을 깔면 바닥을 통해 전해지는 소음은 어느 정도 줄일 수 있어요. 그러나 몇몇 가전제품에서 나는 시끄러운 소리는 막을 수 있는 방법이 별로 없어요. 그래서 모두가 잠든 시간은 반드시 피해서 사용해야 한답니다. 이웃을 배려하는 마음이 있다면 어렵지 않은 일이겠죠?

글쓴이 김미조
작가로 활동하고 있으며, 여러 출판사에서 인문학 책을 기획, 집필하고 있습니다. 지은 책으로는
『국제분쟁, 무엇이 문제일까?』『10대와 통하는 자본주의 이야기』『엄마의 비밀정원』『피노키오가
묻는 말』『빌어먹을 놈은 아니지만』 등이 있습니다.

그린이 양수빈
그간 지냈던 집의 개수를 셀 수 없을 만큼 이사를 많이 하며 살았습니다. 집, 정체성, 다양한 문화
에 대해 그리고 공부하는 것을 좋아합니다. 현재는 뉴욕에서 도서, 광고, 포스터, 잡지 등 다양한
분야를 넘나들며 활발하게 활동하고 있습니다.
www.subinyang.cargo.site
instagram.com_subinie94

초등 생활 탐구 ③
지혜로운 주생활 편안하고 건강한 삶을 살아요

초판 1쇄 발행 2021년 12월 21일
초판 4쇄 발행 2022년 08월 01일

글쓴이 김미조 | 그린이 양수빈

편집장 천미진 | 편집 최지우, 김현희
디자인 한지혜 | 마케팅 한소정 | 경영지원 한지영

펴낸이 한혁수 | 펴낸곳 도서출판 다림 | 등록 1997. 8. 1. 제1-2209호
주소 07228 서울시 영등포구 영신로 220 KnK 디지털타워 1102호
전화 02-538-2913 | 팩스 070-4275-1693
블로그 blog.naver.com/darimbooks
다림카페 cafe.naver.com/darimbooks | 전자우편 darimbooks@hanmail.net

ISBN 978-89-6177-282-2 (73590)

ⓒ 김미조, 양수빈 2021

이 책 내용의 일부 또는 전부를 사용하려면 반드시 저작권자와 도서출판 다림의 서면 동의를 받아야 합니다.
책값은 뒤표지에 있습니다.

제품명: 지혜로운 주생활	제조자명: 도서출판 다림	제조국명: 대한민국	⚠ 주 의
전화번호: 02-538-2913	주소: 서울시 영등포구 영신로 220 KnK 디지털타워 1102호		아이들이 모서리에 다치지
제조년월: 2022년 08월 01일	사용연령: 8세 이상		않게 주의하세요.
※KC마크는 이 제품이 공통안전기준에 적합하였음을 의미합니다.